INHALTSVERZEICHNIS

IMPRESSUM

Verlag:
Alois Knürr Verlags GmbH. D-81827 München
Telefon 0 89/43 76 61 00, www.knuerr-verlag.de

Autoren:
Cocktails: Dr. Ralph Diehl
American Bartender School
www.american-bartender-school.com
baracademy@aol.com
Texte: Karin Gabler, München

Gestaltung:
Michael von Wins, München

Fotos:
Cocktails: Fotostudio Sattelberger, Füssen
Personen: Jörg Wendel

Druck:
Finidr s.r.o., Cz.

ISBN:
3-928432-36-2

Gewinner des Förderpreises Bierkultur 2005

1000 Cocktails mit Bier

Für Barkeeper, Gastronomen und Hobbymixer

Dr. Ralph Diehl
und
Karin Gabler

Fotos:
Fotostudio Sattelberger, Füssen

In eigener Sache

Dr. Ralph Diehl hat sein American Bartender-Diplom während seines Studiums in Los Angeles an der American Bartender School erworben. Nach fünf Jahren Praxis an „brennenden" Theken in Nord-, Süd- und Zentralamerika machte er noch den „Professionell Bartender" in der American Bartender School von San Francisco. 1982 wieder in Deutschland zurück, eröffnete er in München nicht nur seine eigene Bar „ralph's", sondern sehr bald – einfach weil der Bedarf vorhanden war – auch seine eigene American Bartender School. Zusätzlich absolvierte er die Ausbildung zum „Deutschen Barmeister". Neben seiner Lehrtätigkeit in München arbeitet der Profi als Berater sowohl für internationale Ferienclubs als auch für internationale gastronomische Betriebe.

Karin Gabler ist gelernte PR-Beraterin und hat sich seit 1983 als Journalistin und Autorin in München selbstständig gemacht. Auf Grund ihrer Berufserfahrungen als Pressereferentin für weltweit agierende Hotelgruppen und Fremdenverkehrs-Institutionen sowie als PR-Beraterin für Lebensmittelhersteller und Getränkefirmen ergaben sich für ihre Autorentätigkeit die Spezialgebiete Essen & Trinken, Hotellerie und Gastronomie, Reise- und Wellness-Themen fast von selbst.

Das Fotostudio Sattelberger ist seit 1978 erfolgreich in Füssen/Allgäu etabliert. Kurt Sattelberger verfügt über eine solide Fotografenausbildung und war anschließend über zehn Jahre in einem Studio mit thematisch-fachlichem Schwerpunkt auf Food & Beverage tätig. 1990 eröffnete Sohn Jörg – nach Abschluss seiner Berufsausbildung zum Fotografen sowie einem Volontariat in Kanada – das Studio 2 innerhalb des Fotostudios Sattelberger. Die sich ergänzende Kombination aus kreativem Foodstyling und professioneller Foodfotografie wird mit modernster Technik umgesetzt.

Vorwort

Bier, so meinen manche, schmeckt nur als Bier – also eben so wie es ist. Das mag für einige Anhänger dieses seit Jahrtausenden beliebten, ohne Zweifel „ganz besonderen Saftes" zutreffen, nichtsdestotrotz aber ist auch das Gegenteil schon bewiesen worden. Wie sonst hätten sich so viele Biermischgetränke einen mittlerweile doch großen Marktanteil erobert. Von den traditionellen Mischungen und Kombinationen einmal ganz abgesehen. So ist es bekannterweise nicht schlecht, den Magen vor dem Genuss des kühlen Blonden erst einmal mit einem Korn oder Steinhäger vorzuwärmen, was in Norddeutschland das berühmte „ein Bier, ein Korn!" zur Folge hat. In Hannover werden Bier und Korn gleich richtig miteinander verbunden: „Lüttje Lage" heißt das fast schon artistische Kunststück, bei dem das Schnapsglas Rand an Rand mit dem Bierglas gehalten wird, sodass dann beim Trinken der Schnaps ins Bier fließen kann. Ebenfalls in den nördlichen Gefilden Deutschlands gibt es das „Halb und Halb", dunkles und helles Bier gemischt. Pilsner mit Sekt ist als erfrischender Genuss bekannt und die Berliner Weisse, ob nun mit einem Schuss Himbeersaft oder Waldmeister oder mit einem Korn, braucht auch keine große Erläuterung. Bei den Bayern stellen „Radler" und „Russ" zwei erfrischende Varianten dar, die fast schon ein Muss in der Sommerhitze sind. Auch die Zahl der Rezepte für Warmbier ist beachtlich, wahrscheinlich weil man das Getränk in vielen deutschen Gegenden als „befeuerndes" Mittel schätzt, es soll das Blut in Bewegung bringen und sogar über heilende Kräfte speziell bei Erkältungen verfügen. Und die sicher nicht gerade leckere Biersuppe wurde von Friedrich dem Großen höchstpersönlich – weil er durch und durch von deren Wirkung überzeugt war – richtig heftig gegenüber sturköpfig Uneinsichtige verteidigt.

Nun, wo auch immer die Vorlieben liegen – Mischungen mit Bier sind in jedem Fall interessant. Gerade an der Bar und gerade in einem „Bierland" wie dem unseren. Allerdings war der Gedanke, Cocktails mit Bier zu offerieren, in unserer Branche lange Zeit eher verpönt. Heute dagegen, wo der Getränkemarkt so richtig „aufgemischt" wurde und oft irrwitzigste Getränkekombinationen ready to drink offeriert werden, ist es meiner Meinung nach an der Zeit, auch mit diesem Urtrunk so vieler Völker endlich einmal professionell und kreativ zu arbeiten.

Cocktails mit Bier sind immer erdig, kräftig und gehaltvoll. Und sie sind relativ einfach zu handeln. Man sollte sich jedoch, ehe man zu den Mixutensilien greift, ein wenig mit der Materie Bier befassen. Schon deshalb, weil Bier letztlich nicht gleich Bier ist. Deshalb finden Sie hier einige Fakten und Backgroundinfos zum Bier. Und zudem natürlich auch die Rezepte. Genau 1000 an der Zahl. Wenn der eine oder andere Cocktail bei Ihren Gästen besonders gut angekommen ist, lassen Sie es mich wissen. Überhaupt würde ich mich über ein Feedback von Ihnen sehr freuen.

Dr. Ralph Diehl

Biergeschichte

Ein seit Jahrtausenden beliebtes Getränk

Bier, heißt es, ist kein Getränk, sondern Nahrung. Zumindest sagt man so im Land der Bayern, die für ihre große Vorliebe für dieses kräftige und kräftigende Getränk bekannt sind. Nun, vielleicht ist das ja gar keine Ausrede, wie so mancher annehmen könnte, sondern hat sogar seine Berechtigung!? Immerhin ist doch eines klar: Den wichtigsten Bierrohstoff neben dem Wasser liefert immer irgendein „Brotgetreide". Sobald es die Menschheit erst einmal verstanden hat, Getreide anzubauen, zu mahlen und daraus Brot zu backen, war der nächste Schritt folglich nicht mehr weit, nämlich der zum „flüssigen Brot". Und ob nun fest oder flüssig – Brot ist Nahrung.

Wie dieser „nächste Schritt" zustande gekommen ist, kann man einfach nur vermuten. Wahrscheinlich wurde irgendwann bei irgendwem das Brot oder das Getreide per Zufall feucht und begann zu gären … Mit berauschender Wirkung für jeden, der davon gekostet hat, so wie dies bei Früchten, wenn sie überreif sind, ebenfalls der Fall ist. Und wer erst einmal auf den Biergeschmack gekommen ist, der wird ihn sich bekanntlich in irgendeiner Weise wieder wünschen. Das war bei unseren Urururvätern nicht anders. So verwundert es nicht, dass Bier ebenso alt ist wie Brot. Ausgrabungen und bildliche Darstellungen belegen es: Die Herstellung dieses Getränkes ist seit mindestens 6000 Jahren, wahrscheinlich noch länger üblich. Wobei sich die Etymologen über die Herkunft des Begriffes „Bier" nicht einig sind. Man vermutet, dass es auf das lateinische „bibere" – trinken – zurückgeht bzw. „biber" – der Trunk. Auch „bere" für Gerste könnte zur Begriffsentstehung beigetragen haben. Einige Wissenschaftler weisen in diesem Zusammenhang auf eine uraltgermanische Wortabstammung für Brauen und Brodeln hin, was einleuchtet, denn damit hätte die Bezeichnung Bier gleich von Anfang an mit dem Gärprozess in Zusammenhang gestanden. Zudem wär's logisch, schließlich gibt es immer wieder engste Verbindungen zwischen Brotbacken und Bierbrauen, anfangs bei den bierbrauenden und brotbackenden Frauen, später bis um die Jahrhundertwende erlernte so mancher Bäcker oft zusätzlich das Brauen – und umgekehrt.

Den Anfang machten die Sumerer …

Die ersten Belege für die Braukunst stammen von Ausgrabungsstätten im Zweistromland zwischen Euphrat und Tigris. Berühmt ist das „Monument bleu" aus dem 7. Jahrtausend v. Chr., das die Bierbereitung bei den Sumerern deutlich dokumentiert. Was aber mehr ein Trunk aus vergorener Kornmaische war, also wenig mit Bier zu tun hatte, dennoch vermuten lässt, dass es sogar schon vor 9000 Jahren eine Art Biergelage gegeben hat. Um das Jahr 4000 berichten kulturhistorische Beweise von etwa 20 verschiedenen Biersorten bei den Sumerern, mal aus Emmer – einer Weizenart –, mal aus Gerste, mal dunkel, mal hell, oft sehr süß und sogar mit Zimt gewürzt. Als die Babylonier ihr großes Reich durch Unterwanderung der Sumerer aufbauten, nutzten sie deren Wissensstand. Von König Hammurabi (auch Hammurapi, 1728–1686 v.Chr.) sind im „Kodex Hammurabi" viele Regeln und Vorschriften übers Bierausschenken überliefert.

Wie etwa das Gesetz, dass ein „Bierweib“ sprich Kellnerin den Preis in Korn annehmen müsse und nicht in Silber – bei Nichtachtung dieses Gesetzes empfahl der Herrscher, das Weib ins Wasser zu werfen und zu ertränken. Weitere 1000 Jahre später heißt es in den Schriften über Nebukadnezar, der die Juden in die babylonische Gefangenschaft geführt hatte, dass er eine Art Brauerinnung initiiert haben solle. Zudem wurde dem Bier in Babylonien zum ersten Mal bereits Hopfen zugesetzt und die Bierhefe, die während des Gärprozesses anfiel, wurde oft zum Backen des Brotes verwendet.

Dass auch die Ägypter in Sachen Bier mitmischten, steht natürlich außer Frage. Seit wann sie in dieser Kunst kundig waren, ist nicht genau belegt, aber wir wissen heute, dass sie perfekt im Bierbrauen waren und es sogar schafften, ein „exportfähiges“ Lagerbier herzustellen. Dabei gab es viele Reglements, darunter lebensmittelrechtliche Vorschriften für die Rezepturen sowie eine Biersteuer, Preistaxen für den Ausschank und den genau vorgeschriebenen Genuss je nach persönlichem Stand des Genießers. Die Frauen im alten Ägypten machten Bier darüber hinaus zum Schönheitsmittel, weil es die Frische des Teints verbessert haben soll. Und die Bierkrüge als Grabbeigaben beweisen, welche große Rolle das Bier selbst an allerhöchster Stelle bei den Ägyptern spielte. Schon beeindruckend, wenn man daran denkt, dass auch der eine oder andere Pharao gerne mal den Krug hob und sich ein kühles Blondes genehmigte …

Griechen, Juden und Römer standen dem Biergenuss eher ablehnend gegenüber. Was vielleicht einfach damit zu tun hatte, dass diese Völker absolute Weinfans waren. Obwohl auch sie das Bier als Getränk natürlich kannten. So zum Beispiel erzählt der griechische Philosoph Aristoteles (384–322 v. Chr.), dass der Wein Kopfschmerzen verursache, während das Bier zu seligem Schlummer führe. Bei den Juden gehörte Bier zum Alltag, war jedoch – im Gegensatz zu Wein – als Trankopfer nicht erlaubt. Und die Römer, eingeschworene Weinliebhaber, staunten besonders über den Bierkonsum der Germanen, zumindest hielt Gaius Julius Cäsar in seinen Aufzeichnungen über den „Gallischen Krieg“, als er 58–51 v. Chr. Gallien unterwarf, die Tatsache für wichtig, dass auch das damalige Germanien Bier braute. Tacitus, eine Art Korrespondent des Römerreiches, berichtete zudem von Germanen, die aus riesigen Trinkhörnern Honigmet und Bier tranken, faul auf der Bärenhaut liegend … Dabei war das germanische Bier übrigens aus Hirse, Gerste oder Weizen gebraut, mit Myrrhe, Kümmel, Wacholder, Rosmarin und Anis beispielsweise gewürzt und manchmal noch mit dem Honig wilder Bienen angereichert, um die Rauschwirkung zu vergrößern. Geschmacklich also hatte dieser Trunk, der Gruit genannt wurde, nichts mit unserem Bier zu tun, das Vergnügen beim Trinken aber scheint dasselbe gewesen zu sein. Biertrinken und Geselligkeit war den alten Germanen so wichtig, dass sie den Toten den Weg ins Walhall – dort, wo die germanischen Götter genussvoll biertrinkend um die lange Tafel saßen – sogar mit Biergaben im Grab erleichtern wollten. Bier hatte immer ein wenig mit rauhem Heldentum zu tun, und immer der war ein Held, der Unmassen von Bier trinken konnte, was in regelrechten Wettkämpfen im Biertrinken ausartete. Und letztlich belegen ja auch die Heldensagen, was Bier den Germanen bedeutete. In dem großen Epos Edda beispielsweise wird der Wein zwar den Göttern gewidmet, das Bier aber den lebenden Menschen. Bier gehörte hier ohne Zweifel zur Glückseligkeit.

Von einer Frauensache zur Mönchskunst

Die Bierbereitung war lange Zeit reine Frauensache, was einfach mit dem gleichzeitigen Brotbacken zu tun hatte. Im Früh-, Hoch- und Spätmittelalter lebte die Kunst des Bierbrauens dann jedoch vor allem hinter den Klostermauern weiter. Und dies obwohl den Mönchen Wein eigentlich näher lag als Bier. Auch der Anbau von Reben seitens der Klöster war durchaus üblich. Aber: Wein war etwas Kostspieliges, Bier bzw. die Rohstoffe dafür waren erschwinglich!

Die erste Klosterbrauerei wird 820 im schweizerischen St. Gallen erwähnt. Eine der ältesten deutschen Klosterbrauereien ist Weihenstephan, heute berühmt als brauwissenschaftliche Ausbildungsstätte der Technischen Universität München: dem Benediktinerkloster wurde im Jahre 1040 vom Bischof von Freising das Brau- und Schankrecht verliehen.

Der Auslöser für die Braukarriere der Klosterbrauer war ursprünglich das Ziel, lediglich ein nahrhaftes, gut schmeckendes Getränk herzustellen, das bei den oft kargen, einfachen Mahlzeiten und ganz besonders in den Fastenzeiten ausreichend Kraft verlieh. Dabei erwies sich – Nahrung hin, Nahrung her – die Bestimmung „Flüssiges bricht das Fasten nicht“ als ideal. Meist war es ein einzelner Mönch innerhalb der Klosterfamilie, der sich neben der Verrichtung der Chorgebete nurmehr der Kunst des Brauens zu widmen hatte. Und da der „Bierausstoss“ innerhalb der Klöster im Vergleich zu den kleinen Hausbrauereien wesentlich größer war, achteten die Bierbrauer im Mönchsgewand ganz bewusst schon auf gute technische Hilfen. Optimal war der Erfahrungsaustausch zwischen den Klöstern, er funktionierte untereinander gut, was viele verschiedene Sorten hervorbrachte. Dabei wurde auch in den Klöstern bald die Geschmack gebende und konservierende Wirkung des Hopfens erkannt. Ebenso übrigens wie die gesundheitsfördernde: Hildegard von Bingen (1098–1179), Naturkennerin, Mystikerin und Verfechterin natürlicher Heilmittel, hat mit als erste über Hopfen geschrieben. Noch heute nachzulesen, ist in den Büchern der Hildegard-Medizin unter der Rubrik „uneingeschränkt empfehlenswerte Nahrung(!)“ das Bier ausdrücklich aufgeführt.

Dass die frommen Patres ihrem Getränk eifrig zusprachen, davon erzählen Verordnungen, wie etwa die eines fränkischen Klosters, die jedem Mönch pro Tag „zwo Kannen gutes Bier, ein Känndlein Wein und mancherlei Pfefferkuchen“ empfahl. Nur aber für die Klosterbewohner allein mit diesem so großen Aufwand zu brauen, war natürlich nicht rentabel. Schließlich mussten auch die Klöster ihre Kassen füllen. So verwundert es nicht, dass sie ihr Bier – zumal es deutlich besser war als hausgebraute Erzeugnisse – bald verkauften. Dieser Verkauf von Bier unterlag den Landes- oder Grundherrn. Da Klöster oftmals selbst die Landes- und Grundherren waren, gab es insofern also keine Probleme.

Deutschland hatte in seiner Hochzeit 400 bis 500 Klosterbrauereien. Heute brauen beispielsweise noch die Benediktinerklöster in Andechs, Ettal, Scheyern und Schäftlarn sowie die Franziskaner in der Rhön. Zudem erinnern Münchner Brauerei-Namen wie Augustiner, Paulaner und Franziskaner und so manche Stifts- und Klosterbrauerei an anderen Orten daran, wie gut sich die einstigen Mönche in diesem genussvollen Bereich doch auskannten. Und noch ein Phänomen, das eng mit der klösterlichen Braukunst zusammenhing, entwickelte sich: Die Wallfahrt. Christliche Wallfahrten waren in früheren Zeiten die einzige Möglichkeit, das Dorf, seine Heimat, zu verlassen und quasi auf Reisen zu gehen. Immer in der schönen, wärmeren, Durst machenden Jahreszeit waren die frommen Leute oftmals monatelang von Wallfahrtsort zu Wallfahrtsort unterwegs. Die heiligen Ziele – Wallfahrtsbilder, Reliquien, Heiligenfiguren – befanden sich oft bei oder in einem Kloster und wie es die göttliche Fügung so will, hatten diese Klöster auch eine Brauerei ... Heute ist das Wallfahrten übrigens wieder sehr gefragt. Sowohl bei den überzeugten Christen als auch bei den Bierfans. Wer an einem sommerlichen schönen Sonntag beispielsweise auf den Heiligen Berg von Andechs pilgert, wird staunen ob dieser Anziehungskraft. Wobei allerdings nicht immer leicht herauszufinden ist, wen die modernen Wallfahrer denn nun eigentlich anbeten. Den Heiligen und seine Reliquien oder den bierseligen Genuss.

„Standesgemäß" geworden

Mit dem Anwachsen der Städte ging das „Grutrecht" (Grut oder Gruit von gruz – Grütze) mehr und mehr jedoch an die Magistrate über, die ihrerseits die Braugerechtigkeit wieder an die Bürger weitergaben. Es bildete sich ein eigener Berufsstand heraus, der sich nun auch in Zünfte zusammenschloss. War bisher viel auch in „Heimarbeit" gebraut worden, so wurde dies nun verboten. Und dass dieses so gute, beständig aufstrebende Geschäft letztlich zur Konkurrenz zwischen Stadt- und Klosterbrauereien führte, blieb ebenfalls nicht aus. Vor allem weil Klöster niedrigere Steuern zahlten und ihr Bier daher billiger verkaufen konnten. Der Ärger war mancherorts richtig heftig und endete sogar in regelrechten „Bierkriegen". Bis Kaiser Sigismund (1410–1437) den öffentlichen Verkauf von Klosterbier und eine klösterliche Führung von Bierschänken verbot. Letztlich aber war es dann die Säkularisation anno 1803, die das Ende vieler Klosterbrauereien bedeutete, als den Klöstern die Besitztümer und Ländereien nämlich entzogen wurden – es gab nur wenige Klosterbrauereien, die überleben konnten.

Wasser, Hopfen und Malz

In den folgenden Jahrhunderten wurde Bier zu einem beliebten Getränk aller Stände und ein fester Bestandteil der täglichen Nahrung. Seine Rohstoff-Zusammensetzung hat sich im Laufe seiner Karriere lediglich mal in Sachen Getreideauswahl geändert. Außerdem wurde natürlich unterschiedlich gewürzt. Hopfen beispielsweise wurde erstmals schon von den Babyloniern mit in die Bierbereitung einbezogen, war vom 11.–13. Jahrhundert aber ganz verboten. Erst viel später erkannte man, dass ein mit Hopfen gewürztes Bier länger hält und das war schon eine kleine Sensation für sich, denn die Haltbarkeit war letztlich bis in unsere Tage hinein immer eines der Hauptprobleme was Lebensmittel und

Getränke anbelangt. So gehört Hopfen seit dem 16. Jahrhundert schließlich zum Bierbrauen fest dazu - seitdem heißt es auch „Hopfen und Malz, Gott erhalt's!"

Auf dem Weg in alle Welt

Hand in Hand mit dem Aufblühen der Städte gewann auch das Braugewerbe an Ansehen. Wer nun aber annimmt, dass die Bayern in diesem Metier damals das Sagen hatten, der irrt. Interessanterweise waren es nämlich die Städte Norddeutschlands und besonders die Hansestädte, die dabei führend waren.

Bedeutende Bierstadt war vor allem Hamburg, die sich mit rund 600 Brauereien den Ruf einer „Königin der weißen Biere" eroberte. Bremen zählte zu einem der ersten Bierhandelsplätze und um 1300 wurde von dort aus sogar schon exportiert, nach Holland, Flandern, England und Skandinavien. Einen guten Namen in Sachen Braukunst machten sich zudem die Städte Lübeck, Danzig, Rostock und Wismar sowie natürlich Einbeck, wo laut Überlieferung seit 1351 das Bockbier herkommt, obwohl es gern den Bayern zugesprochen wird. Darüber hinaus war Dortmund schon im Mittelalter eine florierende Bierstadt, Braunschweig wurde besonders durch die „Braunschweiger Mumme" bekannt, auch die Brauerzeugnisse aus Münster, Köln, Erfurt und Ulm schmeckten. Und die kleine Stadt Goslar zählte um 1500 herum sogar stolze 300 Brauereien. Auf eine Jahrhunderte alte Brautradition kann zudem Berlin zurückblicken. Von dort kommt übrigens auch der „Zapfenstreich": Nach einer Brauer-Ordnung aus dem Jahre 1577 musste um 21 Uhr, wenn die Trommel schlug, der Bierausschank beendet werden. Der kontrollierende Amtsdiener machte dann einen Kreidestrich auf den Zapfhahn. Aus diesem „Streichen des Zapfens" entstand im Laufe der Zeit das militärische Trommelschlagen.

Strengste Regeln

Die Herstellung des Bieres erfolgt im Prinzip heute noch auf dieselbe Weise wie vor mehreren Tausend Jahren. Nur die Technik hat sich natürlich vervollkommnet, zugunsten einer gleichbleibenden Qualität, von der unsere Vorväter nicht einmal träumen konnten. Weil aber alles immer seine Ordnung braucht, gab es schon in frühester Zeit genaueste Regeln für die Braukunst. Die erste Verordnung ist aus dem Jahre 1155 in Augsburg überliefert: „Wenn ein Bierschenker schlechtes Bier macht oder ungerechtes Maß gibt, soll er ... gestraft werden, und überdies soll dasselbe Bier vernichtet oder den Armen umsonst ausgeteilt werden." Die bekannteste und letztlich älteste lebensmittelrechtliche Vorschrift ist aber natürlich das weltberühmte Reinheitsgebot der Bayern. Am 23. April 1516 auf dem Landständetag zu Ingolstadt vom bayerischen Herzog Wilhelm IV. erlassen und von der Versammlung der Stände verabschiedet, wurde festgelegt, dass zum Bierbrauen nur Gerstenmalz, Hopfen und Wasser zugelassen sind. Unter dem Titel: „Wie das Pier summer un winter auf dem Land sol geschenckt und geprewen werden" heißt es da: „Wir wollen auch sonderlichen, das füran allenthalben in unseren Stetten, Märckthen und auff dem Lande zu kainem Pier merer Stückh dan allain Gersten, Hopffen und wasser genomen und gepraucht solle werdn." Besonders interessant: Dieses Reinheitsgebot lebt nahezu unverändert im Biergesetz, das bis heute aktuell ist, fort. Lediglich die Hefe kam später als eigene natürlich gezüchtete Substanz hinzu.

Aber was wäre ein Gesetz, wenn seine Einhaltung nicht überprüft würde. Schon in früheren Zeiten tat man dies auf überaus strenge Weise. Weil chemische Tests damals nicht möglich waren, verlegte man sich auf Geschmacks- oder Qualitätsprüfungen nach etwas sonderlicher Art. Beispielsweise gab es im 15. und im 16. Jahrhundert in vielen Städten eine Bierbeschau mit Hilfe des ledernen Hosenboden: Eine Bank wurde mit Bier bestrichen. Die amtlichen Prüfer setzten sich mit ihren Lederhosen darauf und blieben dann drei Stunden lang ruhig auf dem gleichen Fleck sitzen. Auf ein Kommando sprangen sie gleichzeitig auf – blieb die Hose an der Bank kleben, war das Bier gut.

Majestätischer Bierfan

Soldatenkönig Friedrich Wilhelm I. von Preußen machte das Bier hoffähig. Wenn man so will war er der erste – richtig gute – PR-Mann für das Getränk, das sich durch seine Förderung nicht nur am Hof, sondern in allen Bevölkerungsschichten wachsender Beliebtheit erfreute. Er initiierte ein „Tabakskollegium", was eigentlich nichts anderes als ein Stammtisch war, ein recht zünftiges Treffen mit Vertrauten, Ministern und hohen Offizieren, bei dem sowohl dem Bier als auch dem Tabak eifrig zugesprochen wurde. Und er sorgte dafür, dass sein Sohn - der spätere „alte Fritz", König Friedrich II. – nicht nur dieselbe Liebe für dieses Getränk entwickelte, sondern sogar im Brauwesen kundig wurde. So bestimmte er beispielsweise, dass dem Kronprinzen „auch vom Brauwesen aller nötige Unterricht zu geben und zugleich zu zeigen sei, wie das Brauwesen muß traktiert und gemaischet, das Bier gestellet, gefaßt und überall dabei verfahren, auch das Malz zubereitet werden und beschaffen sein muß, wenn es gut ist." Die Bemühungen des Vaters haben gefruchtet. Friedrich der Große wurde ein ebenso eingeschworener Bierfreund wie der Soldatenkönig. Und er verteidigte das Getränk ganz entschieden auch gegenüber dem in seiner Regierungszeit aufkommenden Kaffee-Konsum. Überliefert ist sein Bekenntnis bei einer Beschwerde der hinterpommerschen Landstände, als Kaffee mit Steuer belegt werden sollte: „ ... Übrigens sind Seine Königliche Majestät Höchstselbst in dero Jugend mit Biersuppe erzogen worden, mithin können die Leute dorten so gut mit Biersuppe erzogen werden, das ist viel gesünder wie der Kaffee." Und Friedrich II. versorgte auch ganz konsequent seine Soldaten immer mit Bier, selbst als er nach allen Seiten Krieg führen musste, ließ er das Getränk für seine Truppen permanent anliefern.

Die industrielle Entwicklung

Der Grundstein zur Brauwirtschaft, wie wir sie heute kennen, wurde generell im 18. Jahrhundert gelegt. Aber damit das Gerstengebräu von anno domini bis heute allein in Deutschland mit einer 5.000-Biere-Vielfalt aufwarten kann, waren natürlich ein paar Voraussetzungen nötig. Im Wesentlichen waren es zwei Erfindungen, die sich für die Erfolgskarriere des Getränks als entscheidend erwiesen. Hinter jeder dieser Erfindungen steht ein Name: Louis Pasteur und Carl von Linde.

War für die früheren Brauer der Gärvorgang nicht so richtig zu erklären, entdekkte Louis Pasteur die Bedeutung der Mikroorganismen für die Gärung – er machte auf die Rolle von Hefen im Brauprozess aufmerksam und schaffte es, den eigentlichen Gärprozess zu erklären. Auf der Grundlage der von Pasteur gemachten Entdeckungen konnten Bierwissenschaftler letztlich einzelne Hefezellen isolieren. Wichtige Erkenntnisse für die obergärigen Biere wurden so gewonnen, die erst später auch auf die Milch-Industrie zur Haltbarmachung von Milch übertragen wurden. Carl von Linde, vielen bekannt vom Linde-Kühlschrank und vom Physikunterricht, bereicherte das Brauwesen auf andere Weise. Weil zur gezielten Gärung bestimmte niedrige Temperaturen erforderlich waren – zwischen 4–9 Grad Celsius – musste damals im Winter für die Produktion im Sommer ausreichend Eis gehackt und eingelagert werden. Dem Maschinenbauingenieur Carl von Linde gelang es, künstliche Kälte zu erzeugen. Einige Brauereien, als erstes die Spatenbrauerei, erkannten die Chancen, die in Lindes Theorie steckten und erprobten das Verfahren: eine Ammoniakkältemaschine mit Kompression. Also waren genau genommen die Brauereien die Geburtsstätten des späteren Kühlschranks (1876). Und nicht nur das folgte aus von Lindes Entdeckung – ganz klar kam es damit auch zu einer Änderung im Trinkverhalten. Denn von da an wurden die obergärigen zu Gunsten der untergärigen Biere stark verdrängt, nur regional „lebten“ die Obergärigen noch, das Alt und das Kölsch beispielsweise, das Weizenbier in Bayern und die Weisse in Berlin. Mittlerweile hat sich hierbei einiges wieder verändert, obwohl das untergärige Pils nach wie vor der Hitbreaker auf der Beliebtheitsskala ist.

... WIE KOMMT DAS BIER INS GLAS?

Auch wenn manche vermuten, dass die allerersten Brauer ihre Fertigkeit vor Jahrtausenden einem reinen Zufall verdankt – wer einmal eine Brauerei besichtigt, wird rasch merken, dass der Begriff „Braukunst“ nicht von ungefähr kommt. Zwar spielen mittlerweile jede Menge Maschinen und jede Menge Material bei der Herstellung von Bier eine Rolle, das Wissen um das rechte Maß aller Dinge ist aber nach wie vor keine spontane Angelegenheit, sondern setzt viel Know-how und viel Gespür voraus. Der Brauer muss ebenso gut wie das Equipment sein. Und um ein gut schmeckendes Ergebnis zu erzielen, unterliegen schon die Rohstoffe regelmäßigen Qualitätskontrollen, auch in punkto Hygiene sind strengste Vorschriften zu beachten. Viel Aufwand, wenn man so will – aber das kommt ja nicht von ungefähr. Schließlich stellen die Bierfans heute überall in der Welt ganz besondere Ansprüche und sie erwarten vor allem eine gleichbleibend hohe Qualität.

Sicher, an den Zutaten für das kühle Blonde hat sich von der Basis her in den vergangenen 500 Jahren nichts verändert – der Brauvorgang aber ist auch heute noch überaus komplex. Er erfolgt in mehreren Produktionsvorgängen – vom Mälzen, Schroten und Maischen über das Läutern und die Hopfenzugabe bis hin zur Gärung und Reifung ... Bis das edle beliebte Nass abgefüllt werden kann, braucht es viele für das Endprodukt entscheidende Schritte.

Lassen Sie uns also ein wenig die Geheimnisse der Braukunst lüften. Kommen Sie mit – machen wir einen kleinen Rundgang.

In der Mälzerei

Am Anfang ist ... das Malz, es wird aus Gerste, Weizen, Dinkel oder Roggen gewonnen. Ehe die Getreideprodukte zum Brauen geeignet sind, müssen sie jedoch behandelt werden. In der Mälzerei werden die Körner unter Zugabe von Wasser als erstes zum Keimen gebracht, der Mälzer lässt sie sich richtig vollsaugen. Dabei sollte man eines nicht unterschätzen: Das Brauwasser macht jedes Bier zu einem einzigartigen Produkt. Es erfüllt höchste Qualitätsansprüche, die weit oberhalb derer für Trinkwasser liegen – und so unterschiedlich die regionalen natürlichen Wasservorkommen in ihrer Zusammensetzung sind, so unterschiedlich sind dann auch die daraus gebrauten Biere. Wasser ist also wie beim Tee gerade auch für ein gutes Bier eine wirklich entscheidende Größe.

Zu gegebener Zeit wird der Keimvorgang – nur der Experte weiß wann – unterbrochen und das Getreide wird gedarrt (getrocknet). D.h. es wird richtiggehend geröstet bei 85–100° Celsius, wie lange und wie heiß, das entscheidet letztlich dann über die Farbe, den Charakter, den Geschmack des Bieres. Je höher die Temperatur ist, bei der das Malz „gedarrt“ wird, desto dunkler wird das Bier beispielsweise. Was erklärt, weshalb die Biere früher eigentlich immer dunkel waren, denn bis Anfang des 19. Jahrhunderts wurde Malz über dem offenen Feuer getrocknet, eine Temperaturregulierung war daher kaum möglich gewesen.

Am Ende des Mälzvorgangs ist aus dem Getreide also Malz geworden: ein chemischer Vorgang, denn nur durch das Keimen konnte sich die eigentlich unlösliche Stärke im Getreidekorn aufspalten, sodass sie sich anschließend dann wiederum in löslichen, vergärbaren Malzzucker umwandelt. Gerstenmalz liefert übrigens auch wertvolle, wichtige Eiweißbaustoffe und Mineralien und auch das Eiweiß wird beim Mälzen in eine „verdauliche" Form übergeführt.

Schroten, Maischen, Läutern

Nun wird das Malz in riesig großen Mühlen geschrotet und mit reinem weichem Wasser im Maischbottich vermischt. Echte Kenner schmecken und riechen die „Malznote", die je nach Sorte von „sehr fein" bis „stark betont" reichen kann. Das „Einmaischen" dauert bis zu vier Stunden, wobei die Maische nach und nach mit verschiedenen Hitzegraden konfrontiert wird. Der Grund: Durch dieses Procedere können spezielle Enzyme aktiviert werden, die wiederum Stärke beispielsweise zu Malzzucker abbauen. Das Resultat nach dem Maischprozess ist ein wässriges Gemisch, die Maische, aus gelösten und ungelösten Stoffen, das geläutert – gefiltert – werden muss. Dies geschieht im Läuterbottich. Die rückständige Masse, Treber genannt, kommt den Landwirten als besonders nahrhaftes Viehfutter zugute und kann bis zu einem gewissen Grad auch zum Brotbacken verwendet werden. Für die Bierherstellung ist lediglich die entstandene Flüssigkeit mit den gelösten Stoffen von Bedeutung: die Würze.

Die Stammwürze übrigens bezeichnet den prozentualen Anteil des Malzzuckers und der aus Malz und Hopfen gelösten wertvollen Inhaltsstoffe an der Würze – noch vor der Vergärung. Dazu gehören Malzzucker, Eiweiß, Vitamine und Mineralien. Bei der Gärung dann wird mit Hilfe der Hefe zum größten Teil Alkohol und Kohlensäure daraus. Der Alkoholgehalt (% Vol.) des Bieres entspricht etwa 40 % des ursprünglichen Stammwürzegehaltes (Ausnahme: alkoholfreie Biere).

Hopfen, „die Seele des Bieres"

Die geläuterte Würze wird ein bis zwei Stunden in der Würzpfanne gekocht. Dabei verdampft ein wenig vom Wasser ebenso wie unerwünschte Aromastoffe, zudem wird in dieser Produktionsphase der Hopfen zugegeben. Der Hopfen, auch als „Seele des Bieres" bezeichnet, verleiht dem Getränk seinen herb-bitteren Geschmack und sein charakteristisches Aroma: mit dem ausgewogen Bitteren des Hopfens komponiert der Brauer das harmonische Gegengewicht zur Malzsüße. Die „Hopfennote" reicht von „fein" bis „ausgeprägt". Zusätzlich hat Hopfen einen optimalen Einfluss sowohl auf die Haltbarkeit des Bieres als auch auf die Stabilität der Blume. Wichtig in diesem Bereich ist übrigens schon die Auswahl des Hopfens, auch zu welchem Zeitpunkt und wieviel Hopfen zugefügt wird, spielt eine Rolle und kann den Geschmack beeinflussen.

Rückstände wie Hopfentreber und Eiweiß-Gerbstoffverbindungen werden natürlich aus der Würze entfernt, was heute mit Hilfe verschiedenster Verfahren geschieht. Anschließend muss die blanke Würze auf rund 5 °– 10 ° Celsius heruntergekühlt werden. Aus gutem Grund: Hefe kann nur bei einer relativ niedrigen Temperatur vergären.

Aus Malzzucker wird Alkohol

Im Gärkeller kommt dann zur Würze die Hefe hinzu, das hat zur Folge, dass die Gärung umgehend ausgelöst wird. Speziell in diesem Produktionsvorgang werden ein weiteres Mal „die Weichen“ für das Endresultat gestellt: Durch die Zugabe untergäriger Hefen entstehen untergärige Biere, wie das Pils, das Export, das Lager, das Bockbier. Durch obergärige Hefen dagegen kommt es zu obergärigen Spezialitäten, also beispielsweise zum Kölsch, Alt, der Berliner Weissen oder dem Weizenbier. Bei der älteren Methode, der obergärigen Brauweise, erfolgt die Gärung bei höheren Temperaturen, etwa 15–20 ° Celsius. Demgegenüber benötigt die untergärige Hefe niedrigere Temperaturen – das war früher nur in Gegenden möglich, in denen man während des Winters ausreichend Eis schlagen konnte, um auch im Sommer die notwendige Kühlung garantieren zu können. Carl von Lindes Erfindung einer Art Kältemaschine, der Grundlage für den späteren Kühlschrank, war ohne Zweifel also eine Art Initialzündung für den Siegeszug der untergärigen Biere.

Hefe braucht zur Vermehrung Sauerstoff. Ganz gezielt erst zugeführt, dann wieder entzogen, wird während des Gär-Hauptvorgangs der Zucker in Alkohol und Kohlensäure umgewandelt, gleichzeitig wird Wärme frei, die ebenfalls wieder ständig abgeleitet bzw. abgekühlt werden muss. Insgesamt dauert die Gärung von der Befüllung bis zur Entleerung des Gärtanks ca. eine Woche, daraufhin wird die Hefe abgezogen. Es gibt übrigens viele verschiedene unter- und obergärige Hefen, viele Brauereien sind stolz auf ihren eigenen „Stamm“, der letztlich ja zusammen mit einer Vielzahl an Aromasubstanzen den Geschmack des fertigen Bieres prägt. Die Hefe kann – freilich erst nach einer gründlichen Reinigung – direkt in der Brauerei noch mehrfach verwendet werden, anschließend wird sie in erster Linie für die Nahrungsmittelproduktion genutzt, was am hochwertigen Eiweiß und ihren wertvollen Vitaminen liegt.

Doch kommen wir zum Bier zurück. Das Ergebnis jetzt im Tank ist ein „Jungbier“, das je nach Biertypus bis zu drei Monate seiner Reifung im Lagerkeller überlassen wird. Während dieser Zeit entwickelt sich der Geschmack des jeweiligen Bieres, noch vorhandener Restzucker wird fast völlig abgebaut. Gleichzeitig bindet man unter Gegendruck („Spundung“) die Kohlensäure im Bier. Sie ist für den beliebten spritzig prickelnden Genuss verantwortlich. Profis sprechen dabei von der „Rezenz“, die sich später beim Einschenken wieder entbindet, in feinen Perlen aufsteigt und für den feinporigen Schaum sorgt, der dem Bier das berühmt frische Aussehen verleiht. In dieser Phase setzen sich übrigens auch die restliche Hefe ebenso wie die Eiweißflocken auf dem Boden ab, in der Fachsprache sagt man: Das Bier klärt sich.

Auf dem Weg zum Biertrinker

Noch ein letztes Mal filtriert, wird das Getränk in Fässer oder Flaschen abgefüllt. Die ursprünglichen Holzfässer, die man dazu in den Brauereien verwendete, wurden in den letzten Jahrzehnten immer mehr durch Metallfässer ersetzt. Seit 1964 gibt es die „Keg"-Fässer – Metallfässer aus Niro-Stahl mit Stechersystem. Mit ihnen wurde nicht nur die Reinigung und Befüllung vereinfacht, sondern auch das An- und Abschlagen für den Wirt. Die Keg-Fässer werden bei der Abfüllung mit CO^2 vorgespannt und unter diesem Gegendruck mit Bier gefüllt, ein Procedere, das eine zu starke Schaumbildung während des Füllvorgangs verhindert. Dasselbe macht man bei den Flaschen, die durch Förderbänder in den Rundfüller gelangen und unmittelbar nach dem Füllen ihren Kronkorken aufgedrückt bekommen, sodass keine Luft mehr in die Flasche eindringen kann.

Auch Flaschen gibt es übrigens schon seit Urzeiten, Bierdosen dagegen, die jetzt nach und nach aus dem Verkehr gezogen werden, erst seit den 30er Jahren. Schon komisch, wenn man bedenkt, dass die Leute sich früher nach dem Biertrinken in der Kneipe ihr frisch Gezapftes noch in der Kanne mit nach Hause nahmen.

Humpen, Krüge, Gläser

Trinkgefäße in verschiedenster Art und Form haben bei allen Völkern quer durch die Jahrhunderte mit zu den üblichsten Gebrauchsgegenständen gehört. Witzigerweise sind von den Babyloniern und Ägyptern sogar Strohhalme überliefert – was seinen guten Grund hatte. Weil es damals weder Siebe noch Filtriergeräte gab, sondern meist nur grobe Geflechte zum Abseihen unerwünschter Zutaten in Speisen und Getränken, nutzte man beim Biertrinken Strohhalme um keine Überreste vom Brauen mittrinken zu müssen. Darüber hinaus gab es echte Vielfalt in Sachen Trinkgefäße. Humpen, Kannen und Bierkrüge belegten die Fantasie der altvorderen „Tonkünstler", später spielte neben gebranntem Ton vor allem Zinn eine große Rolle – ein Überbleibsel aus der Hochzeit einstiger Kannengießer sind die heute noch üblichen verzierten Zinndeckel auf Tonkrügen. Auch Porzellan und manchmal Eichenholz wurde für die Herstellung von Bierkrügen verwendet. In Zeiten des Bierfreunds König Friedrich Wilhelm I. von Preußen waren Eimer in Mode, spätestens das spricht Bände über die Liebe für dieses Getränk. Was natürlich nicht heißt, dass diese Liebe in unseren Zeiten geringer ist, nur weil die Gläser ein wenig kleiner geworden sind. Es gibt heute Gläser je nach Biersorte und je nach regionalem Brauch. Die Maßkrüge in Bayern zumindest sind noch recht gewaltig und quasi ein Überbleibsel der einstigen Humpen-Aera. Daran aber nun den ersten Platz für Trinkfestigkeit oder Bierliebe festzumachen, würde mittlerweile nicht mehr stimmen. Schon deshalb nicht weil, wie wir wissen, die Pilstrinker die großen Meister sind – und dieses Bier trinkt man ja nun bekannlich meist aus einem nur 0,3 l Stangen- bzw. Tulpenglas!

Bier muss frisch sein

Bier hält nicht ewig. Es ist ein Naturprodukt und als solches dem sozusagen normalen Verfall ausgesetzt. Meist beträgt die Lagerfähigkeit – bei verschlossenen Behältern – drei Monate. Umso wichtiger die Beachtung des Mindesthaltbarkeitsdatums, das immer angegeben wird. Zudem sollte man in der Gastronomie natürlich die Richtlinien für die Lagerung beachten. Fässer beispielsweise sollen nach der Anlieferung mindestens 24 Stunden, bei besonderen Außentemperaturen sogar bis zu 48 Stunden vorgekühlt werden. Und beim Verbrauch gilt „first in first out“, also die Reihenfolge der Anlieferung beachten. Als Temperatur im Kühlraum empfehlen sich konstant 5–8 ° Celsius, dabei sollte eine Lagerung von Lebensmitteln im Bierkühlraum vermieden werden.

WAS DRIN IST IM „FLÜSSIGEN BROT"?

Ein Liter helles Bier enthält:

Grundsubstanzen	Menge
Wasser	920 g
Kalorien	435 kcal
Eiweiß	3–5 g
Alkohol	ca. 40 g
Kohlenhydrate	ca. 30 g

Mineralstoffe	Menge
Kalium	554 mg
Magnesium	96 mg
Phosphor	308 mg
Natrium	44 mg
Nitrat	24 mg

Vitamine	Menge
Vitamin B	10 mg

(B1/Thiamin, B6/Pyridoxin, B2/Riboflavin/Folsäure/ Niacin/Pantothensäure und B12/Cobalamin)

Biersorten

Wie es dem Bierfan gefällt

Bier ist ein Getränk, das durch seine ungeheure Vielfalt immer wieder ganz und gar anders schmeckt. Sich über die eine oder andere Vorliebe zu streiten, hat also auch in diesem Fall wieder einmal wenig Sinn. Schon deshalb weil die einzelnen Biersorten sehr viel mit ihrer Herkunft, ihrer „Heimat" zu tun haben und einfach typisch für einzelne Regionen sind. Darüber hinaus gibt es neben den generellen Biersorten noch Spezialbiere wie das Diät- oder Malzbier, zudem entstanden im Laufe der Jahrhunderte zahlreiche „Kompositionen", die wie schon im Vorwort erwähnt, genau genommen bereits Biermixgetränke sind und heute auf keiner – regional orientierten – Getränkekarte fehlen dürfen.

Um am Boden, speziell dem deutschen zu bleiben, haben wir uns auf die hierzulande herrschende Sortenvielfalt beschränkt. Ein britisches Ale beispielsweise zu erläutern erschien uns an dieser Stelle wenig hilfreich, obwohl es natürlich rund um die Welt Biere gibt, die – unbestritten – in einer Sortenaufschlüsselung nicht fehlen sollten. Die Konzentration auf das Wichtigste aber ist sicher auch hier der sicherste Weg, das umfangreiche Basisangebot für ein Mixen mit Bier darzustellen.

Alt

Gärungsart:	obergärig
Biergattung:	Vollbier
Geschmack:	hopfenbetont
Aussehen:	dunkel bernsteinfarben, blank
Stammwürze in %:	durchschnittl. 11,5
Alkohol in Vol.-%:	ca. 4,8
Verbreitung:	Niederrhein, Düsseldorf; bundesweit erhältlich

Wissenswertes: Altbier, häufig vom Fass ausgeschenkt, wird aus kurzen, oft zylindrischen 0,2 l-Gläsern oder extra Altbierpokalen getrunken. Die sehr süffige Bierspezialität ist in Düsseldorf beheimatet, sie wird zwar auch in anderen deutschen Regionen gebraut, für echte Düsseldorfer aber muss das Alt aus den Sudkesseln der Landeshauptstadt oder vom Niederrhein kommen. Von seiner Herstellung stammt das Alt aus einer Zeit, in der es noch keine technischen Kühlverfahren gab und die deutschen Bierbrauer obergärige Hefe für ihre Kunst verwendeten.

Berliner Weisse

Gärungsart:	obergärig
Biergattung:	Schankbier
Geschmack:	spritzig, leicht säuerlich, frisch
Aussehen:	leicht hefetrüb, dunkelgelb
Stammwürze in %:	7–8
Alkohol in Vol.-%:	ca. 2,8
Verbreitung:	hauptsächlich in und um Berlin

Wissenswertes: Das erfrischende Sommergetränk wird den Weizenbieren zugeordnet. Immer ab Februar gebraut, mit nur wenig Hopfen, werden die obergärigen Hefen mit einer Milchsäurekultur versetzt, während der Reifung von 2–3 Monaten kommt es zum typisch fruchtig-säuerlichen Aroma. Die Berliner Weiße entstand nach Überlieferung im 16. Jahrhundert eigentlich in Hannover unter dem Namen „Halberstädter Broihan". Berliner Brauer entwickelten sie weiter, offiziell wurde sie in Berlin dann 1680 erstmals erwähnt, damals gab es rund 700 Weißbierbrauereien rund um Berlin. Die Berliner Weisse wurde früher oft mit Kümmel oder Korn getrunken, ihre jetzigen Fans bevorzugen meist einen Schuss Waldmeister- oder Himbeersirup darin. Das ursprüngliche Weisse-Glas – „Klauenglas" genannt – war breit und hoch und hatte weder Fuß noch Henkel. Heute trinkt man die Berliner Weisse aus einem breiten Kelch mit Fuß, dabei kommt der Sirup natürlich zuerst ins Glas, anschließend wird eine halbe Flasche Weisse schwungvoll eingegossen, der Rest fließt dann zu Gunsten der festen Schaumkrone ganz langsam ein. Meist serviert man die Berliner Weisse mit Strohhalm.

Bock hell bzw. dunkel

Gärungsart:	untergärig
Biergattung:	Starkbier
Geschmack:	sehr vollmundig, malzbetont, süffig, dezente Hopfennote
Aussehen:	hell bis goldgelb, bzw. dunkel, blank
Stammwürze in %:	16–18
Alkohol in Vol.-%:	ca. 7
Verbreitung:	der dunkle mehr im Süden, der helle (u.a. auch der Maibock) mehr im Norden Deutschlands

Wissenswertes: Der Bock gehört zu den Starkbieren mit hoher Stammwürze (nicht zu verwechseln mit Alkoholgehalt). Weitere Bocksorten: Doppelbock (18 % Stammwürze, 7,5 % Alkohol), Eisbock (20 % Stammwürze, 8 % Alkohol. Herstellung: durch Einfrieren wird dem kräftig eingebrauten Starkbier Wasser entzogen, es ensteht ein tiefdunkles, vollmundiges Starkbier), Weizen-/Weißbierbock (obergärig, 16–18 % Stammwürze, ca. 7,5 % Alkohol); saisonale Besonderheit: Maibock
Die Bezeichnung „Bock" hängt mit der Stadt Einbeck in Niedersachsen zusammen: dort wurde das besonders stark eingebraute „Einbecker" oder „Ainpöckisch" Bier als erstes gebraut, die Stadt war also namensgebend für dieses Bier. Weil den Bayern der Transport von Einbeck aus auf die Dauer zu weit und aufwändig war, versuchten sie sich ab ca. 1605–1610 selbst in dieser Brauart, die ersten Versuche wurden dem „Einbecker" aber nicht gerecht - bis man einen Einbecker Braumeister in bayerisch-herzogliche Dienste stellte.
Auch Klöster stellten Starkbiere her, sogar per Sondergenehmigung durch den Papst, was dann zu den berühmten „Fastenstarkbieren" führte (weil Flüssiges das Fasten nicht bricht). Besonders berühmt in der Kunst des Bockbierbrauens waren die Mönche des Hl. Franz von Paula. Bis heute erzählt die Tradition des Paulaner Starkbier-Anstichs immer nach Fasching um Josephi (19. März) am Münchner Nockherberg davon. Dabei war die Brauerei auch Geburtsstätte des Namens „Salvator", den – einfach weil das Getränk so erfolgreich war – gegen Ende des 19. Jahrhunderts gerne auch andere Münchner Brauereien nutzen wollten. Es kam zum Streit, sogar zu Prozessen, was mit Hilfe des kaiserlichen Patentamtes 1896 zugunsten der Paulanerbrauerei und der damaligen Besitzer Zacherl, endgültig geklärt wurde. Allerdings wurde damit der Startschuss für viele neue „-ator"-Biere gegeben. Jede Brauerei, die beim Starkbier-Konsum mitmischen wollte, kreierte entsprechende Bezeichnungen. Animator, Triumphator … man schätzt heute etwa 200 Biere deren Namen mit „-ator" endet.

Dunkles / Export dunkel / Lager dunkel

Gärungsart:	untergärig
Biergattung:	Voll- und Schankbier
Geschmack:	malzaromatisch, vollmundig
Aussehen:	feurig dunkel, blank
Stammwürze in %:	ca. 12
Alkohol in Vol.-%:	ca. 5,5
Verbreitung:	bundesweit, vorwiegend Bayern

Wissenswertes: Dunkle Lagerbiere waren in den vergangenen Jahrzehnten ein wenig in Vergessenheit geraten, sind aber jetzt wieder gefragt, speziell in Bayern. Wie bei anderen dunklen Bieren ist auch hier das Malz bzw. die Darr-Temperatur (ca. 100–110 ° C) für die Farbe des Bieres verantwortlich.

EISBIER / ICEBEER

Gärungsart:	untergärig
Biergattung:	Vollbier
Geschmack:	sehr weich, sehr mild, schlank
Aussehen:	sehr hell, blank
Stammwürze in %:	ca. 11
Alkohol in Vol.-%:	ca. 5
Verbreitung:	vorwiegend Nordamerika, seit einigen Jahren auch Deutschland

Wissenswertes: „Icebeer" kommt eigentlich aus Kanada. Es ist mit einem hellen Lagerbier zu vergleichen, seine Besonderheit beruht auf der Abkühlung auf bis zu -4 ° C nach der Vergärung. Die dabei entstehenden Eiskristalle werden – ebenso wie die im Eis gebundenen Gerb- und Bitterstoffe – anschließend herausgefiltert. Das Resultat ist ein weiches, mildes Bier, das sich vor allem unter jungen Leuten und auch Frauen viele Fans erobert hat.

EXPORT HELL / LAGER HELL / HELLES

Gärungsart:	untergärig
Biergattung:	Vollbier
Geschmack:	süffig, vollmundig, weich, leicht malzaromatisch abgerundete Bittere
Aussehen:	goldgelb, blank
Stammwürze in %:	11 - 12,5
Alkohol in Vol.-%:	ca. 5,5
Verbreitung:	in Bayern auf dem 2. Platz der Beliebtheitsskala, außerhalb Bayerns eine eher geringe Marktbedeutung

Wissenswertes: Es ist vom Ursprung her noch jung – im Vergleich zu den obergärigen Bieren, deren Wurzeln über 6.000 Jahre zurückreichen. Früher wurde fast nur obergärig gebraut. Der Name Lagerbier hängt dabei tatsächlich auch mit der Lagerung zusammen: In Süddeutschland gab es im 16. Jahrhundert eine Unterscheidung zwischen Winter- und Sommerbieren. Winterbiere, teilweise noch obergärig hergestellt, waren schwächer und besaßen eine kürzere Haltbarkeit, Sommerbiere waren stärker eingesotten, hielten daher länger – aus ihnen wurde später das „Lagerbier". Für den wahren Siegeszug des Lager sorgte jedoch erst die Erfindung der Kältemaschine von Carl von Linde, einfach weil dadurch die Produktion des untergärigen Bieres endlich das ganze Jahr über ermöglicht wurde.

KELLERBIER / ZWICKELBIER

Gärungsart:	untergärig
Biergattung:	Vollbier
Geschmack:	vollmundig, leichte Hopfenbittere
Aussehen:	hell bis bernsteinfarben, hefetrüb
Stammwürze in %:	unterschiedlich ca. 11–14
Alkohol in Vol.-%:	4,5–5,5
Verbreitung:	bundesweit

Wissenswertes: Eine Spezialität, die ursprünglich aus Franken und der Oberpfalz kommt. Das junge Bier wird nicht filtriert, nicht gespundet: bei der Nachgärung wird dem Bier also fast kein Gegendruck entgegengesetzt. Es hat wenig Kohlensäure und kommt frisch aus dem Brauhauskeller direkt ins Glas. Das ebenfalls nicht gefilterte „Zwickelbier" gibt es von einigen Brauereien nur zu bestimmten Zeiten, wieder andere bieten es ganzjährig an, es schmeckt sehr erfrischend.

KÖLSCH

Gärungsart:	obergärig
Biergattung:	Vollbier
Geschmack:	hopfenbetont, hochvergoren, feinherb
Aussehen:	hellgelbfarben
Stammwürze in %:	ca. 11,3 - 12
Alkohol in Vol.-%:	ca. 4,8
Verbreitung:	in und um Köln

Wissenswertes: Das Kölsch geht auf eine Tradition aus dem Jahr 874 zurück, schon 1250 gab es das Kölner Brauamt und 1396 die Kölner Brauer-Korporation. Kölsch brauen darf nicht jeder! Im März 1986 unterzeichneten 24 Brauereien eine „Kölsch-Konvention", dadurch wurde das Kölsch auch in seiner geografischen Herkunft geschützt. Bundesweit gesehen ist das Kölsch – nach dem Pils und Alt – die beliebteste Biersorte der Deutschen. Man trinkt das Bier aus schlanken „Stangen" (0,2 l), der Kölner Kellner genannt „Köbes" geht mit einem „Kranz", einer speziellen Serviereinrichtung, durch die Kneipe und schenkt nach.

MÄRZEN

Gärungsart:	untergärig
Biergattung:	Vollbier
Geschmack:	malzbetont, körperreich, kräftig süffig leichte Hopfenbittere
Aussehen:	bernstein, blank
Stammwürze in %:	mindestens 13
Alkohol in Vol.-%:	4,8–6
Verbreitung:	Bayern und Baden-Württemberg

Wissenswertes: Dazu gehört das Oktoberfestbier (mindestens 13,5 % Stammwürze). Das helle oder dunkle Märzenbier wurde wie der Name schon sagt ursprünglich in Bayern im März, zum Ende der Brausaison – damals aus Mangel geeigneter Kühlungen – stärker eingebraut, um möglichst lange in den Sommer hinein getrunken werden zu können. Das Ganze hatte seinen Grund im Sommerbrauverbot, das anno 1553 für fast 300 Jahre vom 23. April/Georgitag bis 29. September/Michaeli aus hygienischen Gründen in Kraft trat: Die damals dominierenden obergärigen Biere verdarben oft sehr rasch und machten für Infekte anfällig und sogar krank.

PILS

Gärungsart:	untergärig
Biergattung:	Vollbier
Geschmack:	ausgeprägt feinherbe Hopfenbittere, prickelnd, schlank
Aussehen:	hell, blank
Stammwürze in %:	11–12
Alkohol in Vol.-%:	ca. 5
Verbreitung:	bundesweit

Wissenswertes: Der absolute Hitbreaker! Rund zwei Drittel des gesamten deutschen Bierausstoßes betreffen die Sorte Pils, mit regionalen Schwankungen. Das Pils ist eine Erfindung eines niederbayerischen Brauers: 1842 wurde Josef Groll aus Vilshofen an das Bürgerliche Brauhaus in Pilsen berufen, um dort ein erstes untergäriges Bier „auf bayerische Art“ zu kreieren. Bis dahin gab es in Böhmen nämlich nur obergäriges Bier. Weil die Obrigkeit in Böhmen mit Geschmack, Qualität und Haltbarkeit der üblichen Biere nicht mehr zufrieden war, wurde sogar eine neue Brauerei mit den technischen Voraussetzungen für untergäriges Bier errichtet. Die bayerischen Bierbrauer hatten schon damals einen guten Ruf, also lag es nahe, einen von ihnen anzuheuern. Josef Groll kreierte aber nicht nur ein für Pilsen neues untergäriges Bier, er verwendete auch erstmals ein sehr helles Malz und viel feinen Hopfen – bis heute entscheidet eben dieser Hopfen und seine Qualität über ein gutes Pils. Premiere für sein Pilsener war am 11.11.1842.

Die Bezeichnung „Pilsener Bier“ war anfangs nur Herkunftsbezeichnung, nachdem es aber auch an anderen Orten, sogar im Norden hergestellt wurde, wurde das „blonde“ Pils offiziell im Jahr 1899 zum Gattungsbegriff.

Die Meinung „Ein gutes Pils braucht sieben Minuten“ hielt sich zwar lange, ist aber überholt, weil die prickelnde Leichtig- und Spritzigkeit, die „Rezenz“, darunter leidet. Heute heißt es: Drei Minuten sind genug!

RAUCHBIER

Gärungsart:	untergärig
Biergattung:	Vollbier
Geschmack:	rauchig, dezent malzaromatisch, vollmundig, mit leichtem Raucharoma/-geschmack
Aussehen:	bernstein bis dunkel
Stammwürze in %:	11–14
Alkohol in Vol.-%:	4,5–5,5
Verbreitung:	Bamberg und Umgebung

Wissenswertes: Der charakteristische Geschmack dieser seit Jahrhunderten in der Bamberger Gegend traditionellen Spezialität entsteht durch das über dem Rauchofen gedarrte (getrocknete) Gerstenmalz. Bei einigen Rauchbierherstellern ist es heute noch üblich, den Ofen mit Buchenholz zu befeuern.

Roggenbier / Dinkelbier

Gärungsart:	obergärig
Biergattung:	Vollbier
Geschmack:	vollmundig
Aussehen:	dunkel
Stammwürze in %:	mindestens 11
Alkohol in Vol.-%:	ca. 5
Verbreitung:	Bayern

Wissenswertes: Bier wurde früher – bis zum 15. Jahrhundert – aus Roggenmalz gebraut, diese Herstellungsart verschwand dann lange Zeit. Gerste spielte daraufhin die Hauptrolle. Erst 1988 hat man in Bayern die alte Brauweise wiederbelebt, bei der mindesten 50 Prozent Roggen- bzw. Dinkelmalze verwendet werden. Im ökologischen Landbau sind Biere mit rekultiviertem Getreide wie Einkorn, Emmer und speziell Dinkel wieder "in".

Schwarzbier

Gärungsart:	untergärig
Biergattung:	Vollbier
Geschmack:	vollmundig, nicht einheitlich
Aussehen:	tiefdunkel
Stammwürze in %:	mindestens 11
Alkohol in Vol.-%:	4,8–5
Verbreitung:	vorwiegend Ostdeutschland

Wissenswertes: Bei diesem Bier erfolgt die Gärung mit untergäriger Hefe unter Verwendung dunkler Spezial- und Röstmalze. In Thüringen ist das Schwarzbier seit 1543 nachgewiesen – es wurde damals aber obergärig gebraut. Lange ein Nischenprodukt, wurde die alte Brautradition in Ostdeutschland mit der Wiedervereinigung zu neuem Leben erweckt. Heute liegt das Zentrum der Schwarzbierbrauer in Thüringen und Sachsen, aber auch in Mecklenburg-Vorpommern. Das Getränk gehört zu den Spezialitäten Ostdeutschlands, die zunehmend auch in den alten Bundesländern beliebt werden – wobei aber oft auch die Meinung vorherrscht, dass zwischen dem bayerischen „Dunklen" und dem ostdeutschen „Schwarzbier" lediglich ein sprachlicher Unterschied besteht … Wie auch immer: Am besten schmeckt es bei einer Temperatur von 8 ° C aus einem typischen Schwarzbierpokal.

WEIZEN / WEISSBIER HELL / WEISSBIER DUNKEL

Gärungsart:	obergärig
Biergattung:	Vollbier
Geschmack:	spritzig, mild, leicht fruchtig, das Dunkle leicht malzaromatisch
Aussehen:	hell bis gold bzw. dunkel, kristallklar oder leicht hefetrüb
Stammwürze in %:	ca. 11
Alkohol in Vol.-%:	ca. 5,5
Verbreitung:	Bayern

Wissenswertes: Weizenbier, auch Weißbier genannt, gab es schon in früheren Jahrhunderten. 1567 jedoch verbot das bayerische Herrscherhaus das Brauen von Weizenbier, weil der Weizen schlichtweg zu kostbar war. Ausnahme machte der Herzog nur für das niederbayerische Geschlecht Degenberger. Als der letzte Nachkomme dieses Geschlechts 1602 verstarb, fiel sein Besitz – und damit dieses alleinige Braurecht für Weizenbier - an das bayerische Herrscherhaus unter Kurfürst Maximilian I. zurück. Von da an wurde das Weizenbier im extra gegründeten „Weissen Brauhaus" gebraut und verkauft. Bayern ist auch heute noch das Weizenbierland Nummer 1: über 90 Prozent des deutschen Weißbiers werden in weiß-blauen Gefilden gebraut. Insgesamt gibt es über 1000 verschiedene Weizenbiere, Besonderheiten sind das Kristallweizen (mindestens 11% Stammwürze, ca. 5,5% Alkohol, champagnerartig ohne Hefetrübung) und die Leichte Weiße/Weizen (mindestens 7% Stammwürze, ca. 3% Alkohol, „schlank").

ZOIGLBIER

Gärungsart:	untergärig
Biergattung:	Vollbier
Geschmack:	vollmundig, mit ausgeprägtem Malzaroma
Aussehen:	hell bis bernsteinfarben
Stammwürze in %:	11–14
Alkohol in Vol.-%:	4,5–5,5
Verbreitung:	ursprünglich Franken, nördliche Oberpfalz, heute bundesweit

Wissenswertes: In der nördlichen Oberpfalz wird das Zoiglbier seit Jahrhunderten in sog. Kommunbrauereien eingebraut, anschließend im großen Fass zum Keller des Zoiglwirtes gefahren und dann mit untergäriger Hefe vergoren und gelagert. „Zoigl" leitet sich von „Bierzeigl" ab, einem sechszackigen, an einer Stange befestigten Stern - mit diesem Zeichen machte der Kommunbrauer an seinem Haus darauf aufmerksam, dass er in den nächsten zwei bis vier Wochen Bier ausschenkt.

BESONDERHEITEN, SPEZIALITÄTEN, MIXTUREN

DIÄTBIER

Gärungsart:	untergärig
Biergattung:	Voll- oder Schankbier
Geschmack:	meist besonders „trockener" hopfenbetonter Geschmack
Aussehen:	je nach Bierart
Stammwürze in %:	ca. 11–12, als Schankbier unter 11
Alkohol in Vol.-%:	4 –5
Verbreitung:	bundesweit

Wissenswertes: Beim Brauprozess können mit Hilfe besonderer Methoden verwertbare Kohlenhydrate zu 100 Prozent vergoren werden. Dadurch haben Diätbiere einen extrem niedrigen Gehalt an Kohlenhydrate und folglich auch einen geringen Brennwert von 32 Kalorien (153 kJoule) auf 0,1 Liter. Sie enthalten aber Alkohol – sollten also nicht mit „alkoholfreien Bieren" verwechselt werden.

DOPPELKARAMEL

Gärungsart:	untergärig
Biergattung:	Vollbier
Geschmack:	mit Karamelgeschmack
Aussehen:	dunkel, hefetrüb
Stammwürze in %:	11
Alkohol in Vol.-%:	1,2
Verbreitung:	Ostdeutschland

Wissenswertes: Das Getränk zählt zu den Malzgetränken und war eine Spezialität besonders während der 50er Jahre in der einstigen DDR. Es hat einen durchschnittlichen Brennwert von nur 44 Kalorien (186 kJoule) auf 0,1 Liter und ist ein optimaler Energiespender, neudeutsch also ein „energy drink". Um zu seinem typischen Geschmack zu gelangen, wird ein mit Röst- und Karamelmalzen hergestellter Sud mit Wasser verdünnt und vergoren, später kommen Invertzucker und Zuckercouleur hinzu.

MALZBIER BZW. MALZTRUNK

Gärungsart:	obergärig
Biergattung:	Vollbier
Geschmack:	vollmundig, süß, malzaromatisch
Aussehen:	dunkel, bernsteinfarben
Stammwürze in %:	11,7
Alkohol in Vol.-%:	1,2 Malztrunk: unter 0,5
Verbreitung:	bundesweit

Wissenswertes: Der Stammwürzgehalt basiert mindestens zur Hälfte auf Braumalz. Außer in Bayern und Baden-Württemberg, wo auf Grund des Reinheitsgebotes nur Braumalz verwendet wird, darf in anderen Ländern auch Zucker mitverwendet werden. Mittlerweile – genau genommen seit dem „Süßbier-Krieg" 1960 – gibt es eigentlich kein „Malzbier", sondern meistens nur noch einen „Malztrunk" im Handel. Einer der Vorläufer des heutigen Malztrunks war die „Braunschweiger Mumme" (seit 1492). Malzgetränke sind bekanntermaßen nahrhaft, enthalten Eiweiß, Mineralien und Kohlenhydrate als gute Energielieferanten für Gehirn, Nerven und Muskeln. Aus diesem Grund wurden Malzbiere in früheren Zeiten auch Kindern eingeschenkt, heute ist das Getränk – oft mit verschiedenen Geschmackszusätzen – bei Jugendlichen und besonders Sportlern gefragt.

ALKOHOLFREIE BIERE

Gärungsart:	ober- oder untergärig
Biergattung:	Voll- und Schankbier
Geschmack:	viele Geschmacksrichtungen
Aussehen:	je nach Variante, ob Pils, ob Weizen etc.
Stammwürze in %:	7–12
Alkohol in Vol.-%:	maximal 0,5
Verbreitung:	bundesweit

Wissenswertes: Um den „alkoholfreien" Effekt zu erzielen, wird entweder die Bildung von Alkohol gleich bei der Gärung verhindert oder aber der Alkohol wird dem Bier nach der Gärung so weit als möglich, sehr schonend entzogen. Bundesweit gibt es heute etwa 70 verschiedene alkoholfreie Marken, die meisten liegen unter den erlaubten 0,5 Prozent Alkoholgehalt. Was auf den ersten Blick verwirrend sein mag, wissenschaftlichen Untersuchungen zufolge haben Alkoholgehalte bis zu 0,5 Prozent aber keine physiologischen Auswirkungen. Sie beeinträchtigen weder die Blutalkoholkonzentration noch die Reaktionsfähigkeit oder die Funktion der Leber. Zusätzlicher Vorteil: 0,2 Liter Alkoholfreies hat weniger als 60 Kcal (239 kJoule). Darüber hinaus gibt es noch ein „alkoholarmes" Bier, dessen Alkoholgehalt bis 1,5 Prozent liegt, die beiden Varianten sollten also nicht verwechselt werden.

LEICHTBIER

Gärungsart:	ober- und untergärig
Biergattung:	meist Schankbier, auch als Vollbier
Geschmack:	verschieden
Aussehen:	je nach Sorte
Stammwürze in %:	7–12
Alkohol in Vol.-%:	2–3,2
Verbreitung:	bundesweit

Wissenswertes: Als Ergänzung der klassischen Vollbiere haben sich die Leichtbiere ihren Markt vorwiegend bei jüngeren und jung gebliebenen Bierfans erobert. Dass die Blutalkoholwerte nach dem Genuss dieser Biere deutlich niedriger als bei „normalen" Bieren sind, liegt daran, dass der Alkoholgehalt im Verhältnis zu einer größeren Wasser- und Nährstoffmenge steht als beim Vollbier. So wie beim alkoholfreien Bier wird hier der Alkohol wieder bei der Gärung verhindert oder nachträglich entfernt, gleichzeitig damit erfolgt auch in diesem Fall eine Kalorienreduzierung.

BIERMISCHGETRÄNKE

Verbreitung:	bundesweit

Wissenswertes: Bier mit anderen Getränken zu mischen, ist keine Erfindung unserer Zeit. Die „Radler" und der „Russ", das „Alsterwasser", der „Diesel" und auch die Berliner Weisse mit Schuss, also die „Urahnen" der heutigen Mixturen, beweisen das. Es gibt sie seit langem in Gaststätten und Biergärten, die Radlermaß ist sogar schon über 100 Jahre alt. Allerdings gab es bis Ende 1992 eine gesetzliche Bedingung: das Mischgetränk musste vor den Augen des Gastes entstehen, d.h. es waren seitens der Getränkehersteller keine fertigen Mischungen aus Bier und alkoholfreien Getränken erlaubt. Als das Biersteuergesetz 1993 geändert wurde, kam dies dem Aufbruch in völlig neue Märkte gleich. Und natürlich wollte jede Brauerei in diesem Segment wortwörtlich mitmischen: Bald wurden mit viel Innovationsfreude und Kreativität ganz und gar neue Getränke kreiert, die dem Trend der Zeit entsprechen und besonders jungen Leuten schmecken. Der Alkoholgehalt der modernen Biermischgetränke liegt meist bei rund 2,5 Prozent, dabei dient Pils, Alt oder Weißbier ebenso als Basis wie normales Helles und die Zusätze reichen von Pfirsich- und Kirschsaft bis hin zu Guarana und extra Mineralstoffen ...

Quellen: Deutscher Brauerbund, Bayerischer Brauerbund, Brauerei Kloster Andechs u.a.
Wir danken für uns zur Verfügung gestellte Informationen. Unser besonderer Dank gilt Dipl. Ing. Alexander Jesina, Brauereidirektor der Klosterbrauerei Andechs.

DEN BISHER ÄLTESTEN NACHWEIS
... über die Bereitung von Bier auf deutschem Boden geben Bieramphoren der früheren Hallstattzeit um 800 v. Chr. , die in der Nähe von Kulmbach gefunden wurden. Den ältesten Beleg über Bier auf Münchner Boden stellen die Aufzeichnungen des Klosterschreibers Kozroh (Kloster Freising unter Bischof Hitto) um 815 n. Chr. dar, der über Naturalienabgaben eines bischöflichen Lehens im heutigen Münchner Stadtteil Oberföhring berichtete.

DIE GRÖSSTEN SAMMLUNGEN
Als größte Bierdeckelsammlung ist unter den Weltrekorden der Österreicher Leo Pisker mit seinen 145.430 Filzen aus 160 Ländern verzeichnet. Die größte Sammlung an Bierdosen soll William B. Christensen, Madison, New Jersey /USA, mit über 75.000 verschiedenen Dosen aus mehr als 125 Ländern, Kolonien und Territorien angehäuft haben. Auch Bieretiketten sind begehrt: der Norweger Jan Solberg hat 424.868 Stück davon.

DIE GRÖSSTE BIERFLASCHE
... wurde am 27. Januar 1993 enthüllt: Sie hatte einen Umfang von 2,17 m und eine Höhe von 2,54 m und gehörte der Brauerei Shepherd Neame in Faversham, Kent/GB. Es dauerte 13 Minuten, bis sie mit 625,5 l Bier gefüllt war. Die kleinste Bierflasche enthält dagegen nur 10 ml Guinness-Bier.

DER GRÖSSTE MÜNCHNER BIERGARTEN
... ist der Hirschgarten mit 8.000 Sitzplätzen, gefolgt vom Biergarten am Chinesischen Turm im Englischen Garten mit 7.000 Plätzen und dem wohl münchnerischten Augustiner Biergarten mit Platz für 5.000 Gäste. Biergärten sind eine allein Münchner Tradition, die aus gutem Grund entstanden ist: Um das Märzenbier kühl zu halten, begannen um ca. 1725 einige Brauereien damit, Keller u.a. in den Gasteigberg zu treiben. Darüber wurden Kastanienbäume gepflanzt, sodass die Kühlung mit Hilfe der Schatten noch intensiviert werden konnte. Und weil auch die Münchner an heißen Tagen ein Schattenplätzchen suchten, zog es sie dorthin, wo es ein kühles Bier zu genießen gab. Weil es damals nur Bier im Ausschank einer Brauerei geben durfte, brachten sie ihre Brotzeit einfach mit – dieser Usus ist geblieben und ist Merkmal eines „echten“ Biergartens.

DAS BELIEBTESTE BIER
... ist das Pils. Das untergärige Getränk mit seinem feinherben Hopfenaroma ist eine Kreation des Vilshofener Brauer Josef Groll. Er trat im Frühjahr 1842 als Braumeister in Pilsen seine Arbeit an und leitete dort die Arbeiten zur Einrichtung des Bürgerlichen Brauhauses, das am 5. Oktober mit der Produktion begann. Nach wenigen Wochen präsentierte Groll sein neues Bier. In der Festschrift hieß es: „Gross war die Bewunderung, als sich dieses mit seiner goldhellen Farbe, mit seinem kräftigen Mousseux, das einen schneeweißen dicken Schaum aufwarf, den Trinkern repräsentierte ...“

DIE ÄLTESTEN BIER-MIXGETRÄNKE

... sind die „Russ'n"- und die „Radler-Maß".
Die „Russ`n Maß" soll während der Novemberrevolution von 1918 entstanden sein – und zwar im Münchner Mathäser-Keller, wo sich nach dem Ersten Weltkrieg die kommunistischen Anhänger der Räterepublik trafen. Es ist allerdings nicht klar, ob ihnen das Weizenbier ausging oder ob sie mit Hilfe der Zitronenlimonade den Alkoholspiegel senken wollten. Einleuchtend ist aber die Erklärung des Namens, weil nämlich die kommunistischen Anhänger der Räterepublik im Münchner Volksmund „Russ`n" genannt wurden.
Die „Radler" geht dagegen auf das bayerische Unikum Franz Xaver Kugler zurück, den Pächter einer Wirtschaft in Deisenhofen, südlich vor den Toren Münchens: die noch heute beliebte „Kugler Alm". Als echtes Verkaufstalent hatte Kugler – sogar mit Hilfe von Plakaten – auf seine Wirtschaft eifrig hingewiesen. 1922 kamen dann an einem heißen Julitag bis zu 13.000 Radler in seinen Wirtsgarten. Auf einen solchen Andrang war er nicht eingerichtet und auf eine kurzfristige Bier-Nachlieferung wie das heute so üblich ist konnte er nicht hoffen. Also schüttete er in der Not klare Zitronenlimonade in die Maßkrüge zum Bier und verkaufte diese Mischung als eine speziell für Radler – durch weniger Alkohol – gesündere Variante.

DER URSPRUNG DES WEIZENBIERES

... ist übrigens in Niederbayern: 1520 verlieh Ludwig X. seinem Landhofmeister Hans Sigismund von Degenberg in Schwarzach das alleinige Recht, Weizenbier für das Gebiet des bayerischen Waldes zu brauen. Als 1567 das Brauen vom „Weißen Bier" im gesamten Herzogtum Bayern verboten wurde, weil nämlich zuviel Weizen dafür verbraucht wurde, waren allein die Degenberger von diesem Verbot ausgenommen. 1602 starb die Familie aus – Kurfürst Maximilian I. nahm daraufhin selbst die Weizenbier-Produktion in die Hand und zwar in seinem Münchner „Weissen Hofbräuhaus". Bis Ende des 18. Jahrhunderts waren die Wittelsbacher allein berechtigt, Weißbier zu brauen.
Übrigens: Der Begriff „Weißbier" sagte damals noch nichts über den verwendeten Weizen aus, er hing nur mit der Farbe zusammen. Die „dunklen Biere" wurden früher alle aus Gerstenmalz, die „weißen" sowohl aus Gersten- als auch aus Weizenmalz hergestellt. Lediglich in Bayern wurde bereits früh ausschließlich Weizenmalz dazu verwendet. Erst als sich untergärige Biere mit Gerstenmalz nach Pilsener Brauart verbreiteten, einigte man sich auf „Weißbier" gleich „Weizenbier".

DER PATRON DER BIERBRAUER

... ist Gambrinus. Obwohl das nicht hundertprozentig ist, zumindest aber wird er als solcher gehandelt und auch das Münchner Brauereimuseum präsentiert ihn entsprechend. „Gambrinus" soll der sagenhafte König von Brabant gewesen sein, der 1292 bei einem Ritterturnier starb und den man seit dem 16. Jahrhundert als – heidnischer – Schutzpatron der Brauer in deutschen Landen sogar auf eine Art Götterthron erhoben hat. Er wird mit Krone, Bierkrug und römischem Gewand dargestellt, sein Name Jan I. – „Jan Primus" – scheint später zu „Gambrinus" geworden zu sein. Die Legende erzählt, dass er fast hundert

Minnelieder komponiert und fast ebenso viele Kinder gezeugt habe und dass er ein schier unglaublicher Zecher gewesen sei. Übrigens, der katholische Schutzpatron der Brauer ist ein ganz anderer: der Hl. Florian!

DIE ÄLTESTEN GEFÄSSE

... zum Biertrinken sind von Babyloniern und Ägyptern bekannt, es gab sowohl Biergläser als auch aus Ton gebrannte Krüge. Bei allen Völkern wurde im Laufe der Jahrtausende ein besonderes Augenmerk darauf gelegt, dass die Gefäße möglichst viel Flüssigkeit fassen – und das Bier kühl blieb. Belegt sind später auch hohe „Kannen", was dem Berufsstand des Kannengießers sicherlich sehr recht war. Zinn spielte bei der Herstellung der Krüge eine große Rolle, auch Tonkrüge mit Zinndeckeln gab es, dabei waren die Humpen und Krüge fantasievoll verziert. Der bayerische Maßkrug ist ein Nachfahre der früheren Humpen - unlasiert und atmend. Zur Zeit des Bierfreunds und Soldatenkönigs Friedrich Wilhelm waren sogar Eimer üblich.

DIE GRÖSSTEN BIERTRINKER

Deutschland als einstige Bier-Nation Nummer Eins liegt Ende 2002 nurmehr an dritter Stelle. Beim Rückblick auf die Jahrhunderten waren übrigens stets die Studenten besonders trinkfest – dies war für sie ein Zeichen von Männlichkeit, allerdings hieß es dabei immer auch Würde zu bewahren und der studentischen Vereinigung keine Schande durch schlechtes Benehmen zu machen. Es gibt eine Unsumme an Anekdoten, Sprüchen und Trinklieder dieser einstigen Studiosi. Das"Bibite!" und "Ergo bibamus" – also lasset uns trinken – ist wohl am bekanntesten.

BIER IST GESUND

... und hat alles, um ein wertvolles, trendiges und kultiges Getränk zu sein! Dies hat der Grazer Facharzt für Neurologie und Psychiatrie Prof. Dr. Manfred Walzl Ende 2002 bei einem Referat zum Thema „Bier und Gesundheit" eindrucksvoll dargelegt. Mäßiger Biergenuss wirkt sich positiv auf Stress, Herzkrankheiten und Nierensteine aus, er kann vor Schlaganfall und sogar Krebs schützen – und er macht entgegen anders lautender Behauptungen nicht dick! Bier hat weniger Kalorien als Apfelsaft, Milch oder Fruchtsaft, es hat kein Fett, kein Cholesterin und keinen freien Zucker, außerdem liefert es wertvolle Vitamine, Mineralstoffe und Faserstoffe, Eiweiß sowie Kohlenhydrate. Das Wichtigste im Bier, so der Professor, ist der hohe Gehalt an Vitamin B 9 - Folsäure – die nachweislich vor Arteriosklerose schützt und sogar bei Alzheimer hoffen lässt. Zusätzlich interessante Aussage des Arztes: „Je besser ein Bier schmeckt umso gesünder ist es."

ALSO DANN: EIN PROSIT AUF DIE GEMÜTLICHKEIT!

Mixen mit Bier

Tipps vom Profi

„Es wird bei uns Deutschen mit wenig so viel Zeit totgeschlagen wie mit Biertrinken“

Dieser so treffende Spruch stammt von Otto Graf von Bismarck (1815–1898), Fürst von Berlin-Schönhausen und 1. Kanzler und Gründer des deutschen Reiches von 1871. Bier gehört zu den Deutschen wie die Milch in den Kaffee, die Butter aufs Brot, der Knödel zum Braten. Das hat sich bis heute nicht geändert – allerdings hat das traditionsreiche Getränk mittlerweile derart viel Konkurrenz bekommen, dass es durchaus ein paar Anteile vom Konsumkuchen abgeben musste. Auch die fertigen Biermischgetränke und die fast nicht mehr zählbaren Ready-to-Drink-Produkte haben zu einem eher rückläufigen Trend im Bierkonsum der einstigen Biernation Nummer Eins geführt.

Jeder Gastwirt und jeder Barkeeper kann allerdings Einfluss auf den Bierabsatz nehmen. Wer denn, wenn nicht eben diese Berufsgruppen. Professionelles Mixen mit Bier, ist eine der Möglichkeiten, das kühle Blonde zum Laufen zu bringen. Probieren Sie's – mit unseren Rezepten und Tipps vom Profi gelingt das sicher ganz einfach.

... zum Bier

Beim Mixen mit Bier sollte darauf geachtet werden, dass sich die Kombination der verschiedenen Biersorten und anderen Zutaten zu einem harmonischen Ganzen verbindet. Sind die Zutaten – Liköre, Säfte, Sirups – eher süß, sollte lieber herbes, bitteres Bier z.B. Pils gewählt werden. Ist der Basis-Alkohol rein von der Optik her eher hell, eignet sich auch am besten helles Bier, dunkle Alkoholsorten passen optisch und auch geschmacklich besser zu dunklem Bier.

Ich habe die Rezepturen so kreiert, dass die Cocktails nicht zu süß schmecken, sollte mehr Süße erwünscht sein, so kann der Likör- oder Sirupanteil verdoppelt werden.

Besonders spritzig und erfrischend, was speziell zur Sommerzeit an einem der lauen Abende gefragt ist, werden die Drinks, wenn man das normale Bier durch ein Weiß- oder Weizenbier ersetzt.

Übrigens: Cocktails mit Bier sollten nicht geshaked werden, da sich sonst die Kohlensäure verflüchtigt. Dabei ist auch bei Biermixgetränken die Blume wichtig, also bitte langsam einschenken.

... zu den Gläsern
Die Form der verwendeten Gläser spielt bei Biercocktails eigentlich eine untergeordnete Rolle, allerdings sollte deren Größe natürlich dem Inhalt angepasst sein. Ich arbeite viel mit runden, bauchigen Kelchen, was einfach zu einem richtigen „Pott Bier“ gut passt. Krüge eignen sich eher weniger. Meine Empfehlung: Nach Möglichkeit nur dünnwändige Gläser verwenden.

Ein Tipp zum Gläserwaschen: Waschen Sie Biergläser nie zusammen mit Milch- oder Sahnegläsern und – mit Blick auf die erwünschte Blume – nur mit klarem Wasser. Sollten Lippenstiftspuren nicht zu bewältigen sein, einfach vor dem Spülen mit Salz abreiben. Blitzblank werden Gläser, wenn sie in warmem Wasser mit einem Schuss Essig ausgespült werden. Etwaige feine Glassplitter können problemlos mit einem feuchten Wattebausch aufgenommen werden.

... zum Eis
Bei Cocktails mit Bier kann Würfeleis verwendet werden, allerdings kein Crushed Ice, da es den Drink viel zu schnell verwässert.

Möchten Sie glasklare Eiswürfel haben? Dann kochen Sie Wasser ab, lassen Sie es abkühlen und frieren Sie es im Eiswürfelbehälter ein. Bunte Eiswürfel bekommt man durch die Zugabe von fruchtigen Likören oder Sirups. Auch ganze Früchte, essbare Blüten, Cocktailzwiebeln oder saure Cornichons lassen sich gut einfrieren. Zudem ist Zitronensaft – ob gesüßt oder ungesüßt – ein idealer Stoff für Eiswürfel. Und damit die Maß oder die Bowle nicht verwässert, empfiehlt sich die Herstellung von „Bowlenwürfel“ oder „Maßwürfel“. Tipp am Rande: Ein Stück Alufolie unter dem Eiswürfelbehälter verhindert, dass er am Boden des Gefrierfaches festfriert.

... zur Deko
Cocktails mit Bier eignen sich nur sehr bedingt für Garnituren. Wenn es denn sein soll, so bieten sich lediglich Zitronen oder Limetten oder auch weibliche Hopfendolden direkt im Glas dazu an. Man sollte ganz generell daran denken, dass der Gast keinen Fruchtsalat bestellt hat, in diesem Fall – beim Mixen mit Bier – erst recht. Auch ein Strohhalm ist eher fehl am Platz, selbst wenn die Berliner Weisse mit Schuss so serviert wird, jeder weiß, welche Wirkung speziell Bieralkohol hat, so man ihn per Strohhalm zuzelt ...

Abverkaufshilfen

Salesman - Saleswoman

Denken Sie daran: Sie selbst sind für ein Mehr oder Weniger am Umsatz verantwortlich. Verkaufen Sie also! Empfehlen Sie schon vor dem Essen einen Cocktail mit Bier als Pre-Dinner-Tipp. Wenn der Gast sein Gericht gewählt hat, empfehlen Sie ihm einen passenden Biercocktail dazu. Alkoholfreie Biercocktails können auch eine gute Alternative zu Mineralwasser sein. Und wenn sich der Gast nicht entscheiden kann zwischen Bier und Wein, überzeugen Sie ihn von einem Bier-Wein-Cocktail.

Sinnesfreuden

Machen Sie den Gästen die Biercocktails schmackhaft! Versuchen Sie jedes Mal wenn Sie ein Bier empfehlen, eines der nachfolgenden animierenden Adjektive einfließen zu lassen: leicht ... echt ... würzig ... spritzig ... frisch ... süffig ... schön kühl ... kräftig ... herb ... klassisch ...

Fine Selection

Empfehlen Sie immer mindestens zwei, besser drei Biercocktails. Zu Ihrer Erinnerung: Erfrischende Biercocktails werden mit Weißbier aufgegossen, klassische Biercocktails mit Export Bier, herbe Biercocktails haben meist ein Pils als Basis und exotische Biercocktails sind mit ausländischen Bieren zubereitet.

Lust auf mehr ...?

Wenn der Gast ein Bier bestellt, versuchen Sie ihm Lust auf eine größere Menge zu machen. Oder auf einen doppelten Bier-Shooter? Versuchen Sie auf jeden Fall, den Gast mit Ihrem besten Lächeln und mit dem gewissen Kopf-Nicken um- bzw. auf Ihren Vorschlag einzustimmen.

Überraschung!!!

Bieten Sie nicht immer nur die gängigsten Biercocktails an. Überraschen Sie den Gast auch mal mit exotischen Biercocktails. Fragen Sie Ihren Gast, welche Import Biere er bevorzugt – und empfehlen Sie ihm dann einen Biercocktail mit seinem Lieblingsbier.

Bestätigung

Bestätigen Sie die Wahl Ihres Gastes mit: „Das trinke ich auch sehr gerne" oder mit einem „Das ist auch mein Lieblingsbiercocktail" etc.

Kompetenz beweisen

Steigen Sie ins Thema ein - lernen Sie Ihre Biere kennen. Ihre Brauerei liefert Ihnen bestimmt die notwendigen Infos. Sie sollten wissen, was bedeutet obergärig bzw. untergärig, welche Biere sind untergärig und welche obergärig, weshalb ist das eine Bier hell, das andere dunkel etc. Nur wer Hintergrundwissen hat, kann beim Verkauf argumentieren – und Eindruck beim Gast machen. Etwas, das letztlich wieder beim Abverkauf zu spüren sein wird.

Abverkaufshilfen

Eine Frage des Alkohols
Sollten Sie feststellen, dass Ihr Gast schon reichlich getrunken hat – oder dass er keinen Alkohol mag – versuchen Sie ihm, einen alkoholfreien Biercocktail zu empfehlen. Diese Drinks sind absolut top und haben keine Nebenwirkungen...

Empfehlungen
Denken Sie daran: Der Gast merkt sich immer die erste und die letzte Empfehlung. Nennen Sie deshalb den Biercocktail, den Sie verkaufen möchten, stets als ersten. Fügen Sie abschließend hinzu: „Zu ihrem ersten Gang würde ich Ihnen einen herben Biercocktail empfehlen".

Promotions
Gute Ideen müssen auch sichtbar sein. Versuchen Sie mit Hilfe von Promotionsmaterial wie Tischaufstellern, Plakaten, Werbetafeln oder Flair Buttons auf Ihr Angebot aufmerksam zu machen. Und heben Sie das Besondere hervor: z.B. „I love Beer Cocktails" „ Specialized in Beer Cocktails" usw.

Special Events
Be creative! Initiieren Sie eigene Biercocktail-Events, beispielsweise eine „Nacht der Biercocktails", „Happy Beer Hour", „Blue Hour", „Tombola", „St. Patricks Day" (etwa mit grünen Biercocktails). Oder veranstalten Sie zusammen mit Ihrer Brauerei auch mal eine Brauereibesichtigung für Ihre Gäste.

Ihr Auftritt
Vergessen Sie bitte nie: Ihr Äußeres ist genau so wichtig wie die Toilette in einem Restaurant. Seien Sie sauber. Kleiden Sie sich ordentlich. Vermeiden Sie in Ihrem ganzen Äußerlichen jeglichen Schmuddel-Eindruck, das gilt für Sie selbst, Ihr Outfit – und auch für Ihren Arbeitsplatz! Tipp: Gehen Sie niemals übernächtigt, unrasiert, halbtrunken oder hungrig & durstig zur Arbeit. Der Gast erwartet von Ihnen, dass Sie „top" sind, egal zu welcher Stunde.

Abverkaufshilfen

Die wichtigsten, geheimen Gästewünsche

Schau mich an:
Vermeiden Sie den Waschbeckenblick – schauen Sie dem Gast in die Augen!

Lächle mich an:
Lachen ist die beste Verkaufshilfe. Versuchen Sie während der Arbeit immer zu lächeln!

Sprich mit mir:
Versuchen Sie Ihre persönliche, positive Meinung dem Gast zu übermitteln!

Höre mir zu:
Manche Gäste wollen Ihnen etwas erzählen. Hören Sie einfach zu!

Danke mir:
Danken Sie dem Gast für seine Bestellung, egal wie groß sie ist!

Good luck and mix it up !

Ralph

WHISKEY

After Dinner Cocktails

Meine Tipps und Tricks für Sie

- Alle After Dinner Drinks können süß sein und sollten magenschließend wirken.

- Als Gläser eignen sich hier schlanke Tulpen oder auch Bierstangen mit 0,3ltr Inhalt. 3-4 Eiswürfel wären dazu perfekt.

- Läuterzucker stellt man folgendermaßen her: 1 kg Zucker und 1 Liter Wasser aufkochen, verrühren und abkühlen lassen.

- Nach dem Essen darf es ruhig etwas süßer sein. Dunkles Bier ist von Grund auf etwas süßer. In „Härtefällen" kann man auch den etwas stärkeren dunklen Bock nehmen.

- Ginger Bier lässt sich übrigens leicht selber herstellen: kleines Stück von der Ingwerwurzel schälen und pürieren, mit einer Prise Pfeffer vorsichtig (die Kohlensäure geht sonst verloren!) unter das Bier mischen.

- Sollten Sie fertige Früchtebiere verwenden, empfiehlt es sich den jeweiligen gewünschten Früchtelikör oder Sirup um die Hälfte zu reduzieren.

After Dinner Cocktails

Ale Flip

6 cl Ale (engl. Bier)
2 cl Läuterzucker
1 Ei
1 Prise geriebene Muskatnuss

Lady Beer

2 cl Grenadine
4 cl Gin
aufgefüllt mit Pils

Arcadia Beer

4 cl Gin
4 cl Galliano
2 cl Creme de Banana
aufgefüllt mit Bier

Bikini Beer

4 cl Wodka
2 cl Wermuth süß
1/2 aufgefüllt mit Ginger Ale
1/2 aufgefüllt mit Bier

Banana Case

2 cl Creme de Banana
2 cl Creme de Cacao weiß
aufgefüllt mit Pils

Bishop

4 cl Gin
2 cl Benediktine
1 cl Lime Juice
1/2 aufgefüllt mit Ginger Ale
1/2 aufgefüllt mit Bier

Bannister

4 cl Gin
4 cl Calvados
1 Dash Pernod
1 cl Grenadine
aufgefüllt mit Bier

Bismark

1/2 l dunkles Export
1/2 l Sekt

Bayrischer Hochgenuss

4 cl Himbeergeist
1/2 aufgefüllt mit Sekt
1/2 aufgefüllt mit Pils

Black&Tan

1/2 Sekt
1/2 Stout

After Dinner Cocktails

Blizzard Bier

4 cl Bourbon
2 cl Cranberrysaft
1 cl Lemonjuice
2 cl Grenadine
aufgefüllt mit Bier

Blue Lagune

4 cl Blue Curacao
4 cl Peachlikör
aufgefüllt mit Weizenbier

Bonnie Prince Charly

4 cl Drambuie
1/2 aufgefüllt mit Sekt süß
1/2 aufgefüllt mit Ale

Butterfly Bier

3 cl Southern Comfort
3 cl Amaretto
3 cl Lemonjuice
viel Eis
aufgefüllt mit Bier

Cancun Coffee

1 cl Limejuice
1 kleine Tasse kalten Kaffee
2 cl Kahlua
2 cl Anisette
2 cl Irish Cream
aufgefüllt mit dunklem Bier

Carribean Ginger Bier

1 cl Orangensaft
1 cl Zimtsirup
1/2 aufgefüllt mit Ginger Ale
1/2 aufgefüllt mit Bier
1 Prise Pfeffer

Casino Bier

4 cl Gin
2 cl Martini süß
2 cl Ananassaft
aufgefüllt mit Bier

Cherry Caballero

4 cl Tequila
2 cl Kirschlikör
2 cl Limejuice
2 cl Lemonjuice
aufgefüllt mit Bier

Cherry White

4 cl Kirschlikör
aufgefüllt mit Champagner-
weizenbier

Chinese Bier

4 cl Reislikör
4 cl Sake
aufgefüllt mit hellem Bier

After Dinner Cocktails

Chivas Feucht Bier

4 cl Chivas
2 cl Zitronensaft
2 cl Peachlikör
2 cl Pfirsichsaft
aufgefüllt mit Bier
2 cl Kirschsaft gefloatet

Cincinnati

12 cl heißes Schankbier
aufgefüllt mit Soda

Crazy Nun Bier

4 cl Tequila
2 cl Anisette
2 cl Limejuice
aufgefüllt mit Bier

Depth Charge

4 cl Creme de Menthe
aufgefüllt mit Pils

Dessert Bier

4 cl Madeira
2 cl Limejuice
aufgefüllt mit Bier

Dirty Dick

4 cl Gin
2 cl Wermut süß
2 cl Campari
2 cl Lemonjuice
aufgefüllt mit Bier

Dog's Nose

4 cl Gin
aufgefüllt mit Ale

French Free

2 cl Weinbrand
2 cl Lemonjuice
2 cl Orangensaft
aufgefüllt mit Bier

Früchte Bier

6 cl Himbeersaft
0,1 ltr Tonic
aufgefüllt mit Bier

Gin Cooler

4 cl Gin
4 cl Lemonjuice
4 cl Limejuice
1/2 aufgefüllt mit Ginger Ale
1/2 aufgefüllt mit Bier

After Dinner Cocktails

Ginger Bier Shandy

1/2 Ginger Bier
1/2 Ale

Horney Mexican Bull

4 cl Tequila
2 cl Grenadine
1/2 aufgefüllt mit Ginger Ale
1/2 aufgefüllt mit Bier

Green Hornet

1,5 cl Creme de Menthe grün
4 cl Whiskey
helles Export Bier

Horse's Beer

4 cl Brandy
2 Dash Angostura
1 cl Lemonjuice
1/2 aufgefüllt mit Ginger Ale
1/2 aufgefüllt mit dunklem Bier

Holunder Bier

2 cl Obstler
1/2 aufgefüllt mit Holundersaft
1/2 aufgefüllt mit Bier

Italian Stallian

2 cl Galliano
2 cl Amaretto
aufgefüllt mit Pils

Honest Brother

4 cl Sherry,medium
4 cl Portwein, sweet
4 cl Lemonjuice
aufgefüllt mit Bier

Berliner Weisse

Champagnerschale 0,5ltr
2 cl Waldmeistersirup
aufgefüllt mit
Champagnerweizenbier

Honey Beerlemonade

4 cl Lemonjuice
4 cl Honiglikör (Met)
auffüllen mit Pils

L and L

0,4 ltr helles Lagerbier
4 cl Lime Juice

After Dinner Cocktails

La Bomba

4 cl Rum dunkel
2 cl Triple Sec
2 cl Anisette
2 cl Apricot Brandy
2 cl Lemonjuice
aufgefüllt mit Bier

Lollipop

2 cl Cointreau
2 cl Kirschlikör
2 cl Green Chartreuse
aufgefüllt mit Bier
1 Dash Maraschinolikör floaten

Lager & Black

6 cl Creme de Cassis
aufgefüllt mit Bier
oder Pils

London Fog

2 cl Creme de Menthe
2 cl Anisette
aufgefüllt mit Bier

Las Hadas

4 cl Sambuca
4 cl Kahlua
aufgefüllt mit dunklem Bier

Lüttje Lage

4 cl Korn
1 Glas Pils 0,4ltr.
Das Schnapsglas wird Rand an Rand mit dem Bierglas gehalten und zusammen getrunken.

Law Bier

4 cl Sherry
4 cl Gin
1 cl Lemonjuice
aufgefüllt mit Bier

Made in USA

2 cl Portwein
2 cl Sherry
2 cl Bourbon
aufgefüllt mit dunklem Bier

Lemon Top

4 cl Lemonjuice
4 cl Limejuice
aufgefüllt mit Ale

Malibu Buby

4 cl Malibu Rum (Kokosrum)
2 cl Rum dunkel
2 cl Orangenjuice
2 cl Limejuice
2 cl Curacao
aufgefüllt mit Bier

After Dinner Cocktails

Mc. Callan

4 cl Persicolikör
4 cl Triple Sec
aufgefüllt mit Bier

Modi Bier

4 cl Whiskey
2 cl Mandelsirup
2 cl Apricot Brandy
2 cl Zitronensaft
aufgefüllt mit Bier

Menthe Mania

2 cl Creme de Menthe
2 cl Creme de Cacao weiß
aufgefüllt mit Pils

Mystery

4 cl Pernod
2 cl Limejuice
2 cl Lemonjuice
aufgefüllt mit Bier

Mexicola

4 cl Tequila
1/2 aufgefüllt mit Cola
1/2 aufgefüllt mit Bier
1 Dash Lemonjuice

Napoleon

4 cl Grand Marnier
2 cl Cointreau
2 cl Cherry Brandy
1/2 aufgefüllt mit Sekt
1/2 aufgefüllt mit Bier

Midori Mori

4 cl Midori
2 cl Lemonjuice
2 cl Limejuice
aufgefüllt mit Bier

New Orlean's Bay

4 cl Southern Comfort
2 cl Lemonjuice
2 cl Limejuice
aufgefüllt mit Bier

Mikado

4 cl Weinbrand
2 cl Cointreau
2 cl Amaretto
2 cl Grenadine
1 Dash Angostura
aufgefüllt mit dunklem Bier

Nightingale

4 cl Creme de Banana
2 cl Triple Sec
1 cl Maraschino
aufgefüllt mit Bier

After Dinner Cocktails

Norman Brew

0,4 ltr dunkles Bier
2 cl Creme de Cassis

Pinapple Punsch

8 cl Ananassaft
1 Prise Muskat
aufgefüllt mit Bier

Nutty Colada

4 cl Amaretto
4 cl Rum
2 cl Kokossirup
4 cl Ananassaft
aufgefüllt mit Bier

Picon After Dinner

4 cl Amer Picon
2 cl Wermut süß
1 cl Grenadine
aufgefüllt mit dunklem Bier

O'Hazel

4 cl Frangelico
4 cl Cointreau
aufgefüllt mit Bier

Pim Licon Spezial

4 cl Weinbrand
4 cl Amaretto
2 cl Creme de Cacao braun
aufgefüllt mit dunklem Bier

Peach Bang

4 cl Southern Comfort
2 cl Peachlikör
1 cl Lemonjuice
aufgefüllt mit Bier

Pongot Bier

4 cl Cointreau
1 cl Calvados
4 cl Lemonjuice
aufgefüllt mit Bier

Pear-A-Noid

4 cl Pfirsichlikör
4 cl Tequila
aufgefüllt mit Bier

Port Short

4 cl Portwein
4 cl Persico
2 cl Lemonjuice
2 cl Limejuice
aufgefüllt mit Bier

After Dinner Cocktails

Queen Elizabeth Bier

6 cl Benedictine
2 cl Wermut trocken
2 cl Lemonjuice
2 cl Limejuice
aufgefüllt mit Bier

River Club

2 cl Creme de Menthe
2 cl Kahlua
2 cl Creme de Cacao braun
aufgefüllt mit dunklem Bier

Rainbow Room

4 cl Cointreau
4 cl Weinbrand
2 cl Peachtree
aufgefüllt mit Bier

Roman Holiday

4 cl Amaretto
4 cl Sambuca
aufgefüllt mit dunklem Bier

Refresher

6 cl Cranberrysaft
4 cl Rum weiß
1/2 aufgefüllt mit Ginger Ale
1/2 aufgefüllt mit Bier

Rossi Watussi

4 cl Rum weiß
4 cl Wermut süß
1/2 aufgefüllt mit Ginger Ale
1/2 aufgefüllt mit Bier

Ricard Bier

4 cl Ricard
2 cl Amaretto
aufgefüllt mit Bier

Ruby Bier

1/2 Portwein
1/2 Ale

Ric-O-Chet

4 cl Ricard
2 cl Cognac
1/2 aufgefüllt mit Sekt
1/2 aufgefüllt mit Bier

Russian Kiss

4 cl Wodka
2 cl Peachtree
aufgefüllt mit Pils
1 Dash Cranberryjuice toppen

After Dinner Cocktails

Sandy (Gaff)

1/3 heißes Schankbier
1/3 Ginger Ale
1/3 Limonade

Southern Bier

4 cl Southern Comfort
1 Dash Angostura
1/2 aufgefüllt mit Sekt
1/2 aufgefüllt mit Bier

Skinny

4 cl Mangosaft
4 cl Apfelsaft
aufgefüllt mit Pils

Spellbinder

2 cl Wodka Zitrone
2 cl Blue Curacao
2 cl Midori
aufgefüllt mit Bier

Skippers Special

4 cl Rum dunkel, 73 %
2 cl Triple Sec
2 cl Limejuice
aufgefüllt mit dunklem Bier

St. Mary's

4 cl Gin
3 cl Cointreau
3 cl Apricot Brandy
2 cl Lemonjuice
aufgefüllt mit Bier

Soul Kiss

4 cl Dubonnet
2 cl Wermut süß
2 cl Wermut trocken
2 cl Orangensaft
aufgefüllt mit Bier

Storm Bier

4 cl Portwein
4 cl Weinbrand
aufgefüllt mit Ale

Southern Belle

2 cl Weinbrand
2 cl Creme de Cacao braun
2 cl Benediktine
aufgefüllt mit Bier

Strawberry Forever

2 cl Erdbeerlikör
2 cl Grenadine
aufgefüllt mit Bier

Sunsplash

2 cl Mangosirup
2 cl Ananassaft
2 cl Ingwersirup
1 Dash Angostura
aufgefüllt mit Bier

Tempter Bier

4 cl Portwein
4 cl Apricot Brandy
aufgefüllt mit dunklem Bier

The Leaf

4 cl Melonenlikör
4 cl Rum weiß
aufgefüllt mit Bier

Tinton Bier

4 cl Portwein
4 cl Calvados
aufgefüllt mit Bier

Tropical Storm

4 cl Rum dunkel
2 cl Bananensirup
2 cl Blue Curacao
2 cl Malibu
4 cl Ananassaft
aufgefüllt mit Bier

Tulip

4 cl Genever/Gin
aufgefüllt mit hellem Export Bier

Tuxedo Bier

4 cl Sherry fino
2 cl Anisette
aufgefüllt mit Bier

Vive la France

4 cl Calvados
2 cl Benedictine
2 cl Lemonjuice
2 cl Grenadine
aufgefüllt mit Bier

Alkoholfreie Cocktails

Meine Tipps und Tricks für Sie

- Vorsicht bei der Verwendung von Sirups ! Lieber etwas weniger verwenden, um die Süße zu reduzieren.

- Verwenden Sie formschöne Gläser mit 0,5 Liter Inhalt. Auch pokalähnliche Gläser mit derselben Menge sind geeignet.

- Es empfiehlt sich hier, das Glas halbvoll mit Crushed Eis zu füllen.

- Eine Cocktailkirsche oder eine Scheibe Limette, vielleicht auch eine Scheibe Zitrone, würde als Dekoration passen.

- Prinzipiell könnte man alle exotischen Cocktails alkoholfrei mixen. Da die meisten auf Rum basieren, kann man Omas Rumersatz hernehmen. Achtung bei Rumsirups, hier kann es leicht passieren, dass der Cocktail zu süß wird. In diesem Fall muss man die Menge der anderen Sirups etwas reduzieren.

- Alle exotischen Cocktails, die man ohne Alkohol produziert, kann man durch den Zusatz „VIRGIN“ kennzeichnen z.B.: Pina Colada = mit Alkohol, Virgin Pina Colada = ohne Alkohol

- Noch besser schmecken die Drinks, wenn Sie frisch gepresste Fruchtsäfte oder Fruchtpürees verwenden.

- Um die Süße zu reduzieren, verwenden Sie einfach mal ein alkoholfreies Pils anstatt des normalen alkoholfreien Hellen.

- Es gibt ja mittlerweile auch sehr gutes alkoholfreies Weißbier, also einfach mal probieren (Substitut).

- Wenn es noch spritziger sein soll, versuchen Sie es mit Zugabe von Tonic oder Wasser mit Kohlensäure.

- Sie sehen an diesen Beispielen wie viele verschiedene Möglichkeiten der Zusammenstellung es gibt. Also probieren Sie auch einfach mal, mit Ihren Lieblingsgetränken einen Drink zu kombinieren.

Alkoholfreie Cocktails

1. Sieger Bier

1 cl Karamelsirup
1 cl Kokossirup
2 cl Lemonjuice
4 cl Kirschnektar
aufgefüllt mit alkoholfreiem Bier

2. Sieger Bier

3 cl Havannasirup
(Rumersatzsirup)
2 cl Mandelsirup
2 cl Blutorangensirup
2 cl Lemonjuice
aufgefüllt mit alkoholfreiem Bier

3. Sieger Bier

2 cl Erdbeersirup
2 cl Karamelsirup
3 cl Lemonjuice
6 cl Ananassaft
aufgefüllt mit alkoholfreiem Bier

Amazonas Bier

4 cl Havannasirup
2 cl Kokossirup
2 cl Mandelsirup
4 cl Maracujanektar
aufgefüllt mit alkoholfreiem Bier

Apple Joice

10 cl Apfelsaft
4 cl Ananassaft
2 cl Limejuice
1/2 aufgefüllt mit schwarzem Tee
1/2 aufgefüllt mit
alkoholfreiem Bier

Avocadobier

1/4 Avocado mit Saft einer
1/2 Zitrone pürieren
10 cl Orangensaft
Salz und Pfeffer nach Belieben
aufgefüllt mit alkoholfreiem Bier

Banana Boat Bier BBB

4 cl Bananennektar
2 cl Kokossirup
aufgefüllt mit alkoholfreiem Bier

Green Banana Boat

4 cl Bananensaft
4 cl Blue Curacao,
alkoholfrei
10 cl Ananassaft
aufgefüllt mit alkoholfreiem Bier

Bananas Bier

2 cl Bananensirup
1 cl Kokossirup
8 cl Ananassaft
aufgefüllt mit alkoholfreiem Bier

Blue Angel Bier

2 cl Limejuice
8 cl Traubensaft
1/2 Bitter Lemon
1/2 aufgefüllt mit
alkoholfreiem Bier

BLUE MOON BIER

5 cl Preiselbeernektar
5 cl Orangensaft
5 cl Traubensaft rot
5 cl schwarzer Johannisbeersaft
aufgefüllt mit alkoholfreiem Bier

BOXER BIER

2 cl Mandarinensirup
2 cl Lemonjuice
10 cl Orangensaft
aufgefüllt mit alkoholfreiem Bier

CALIFORNIAN BIER

2 cl Mangosirup
2 cl Limejuice
4 cl Orangenjuice
aufgefüllt mit alkoholfreiem Bier

CARIBBEAN BIER

2 cl Blue Curacao, alkoholfrei
2 cl Limejuice
2 cl Lemonjuice
6 cl Maracujasaft
6 cl Ananassaft
aufgefüllt mit alkoholfreiem Bier

CAT'S BIER

2 cl Mangosirup
2 cl Blutorangensirup
6 cl Preiselbeernektar
aufgefüllt mit alkoholfreiem Bier

CHERRY BABY LOVE

4 cl Pfefferminzsirup
2 cl Kokossirup
8 cl Kirschnektar
aufgefüllt mit alkoholfreiem Bier

CHERRY DREAM BIER

1 cl Grenadine
1 cl Mandelsirup
8 cl Kirschnektar
8 cl Orangensaft
aufgefüllt mit alkoholfreiem Bier

CHERRYBIER

2 cl Limejuice
10 cl Kirschnektar
aufgefüllt mit alkoholfreiem Bier

CHICO BIER

1/2 Banane mit Saft einer
1/4 Zitrone pürieren
4 cl Bananensaft
aufgefüllt mit alkoholfreiem Bier

COCO BIER

2 cl Kokossirup
6 cl Ananassaft
6 cl Maracujasaft
aufgefüllt mit alkoholfreiem Bier

Alkoholfreie Cocktails

Cocomint Bier

2 cl Pfefferminzsirup
2 cl Kokossirup
1 cl Lemonjuice
aufgefüllt mit alkoholfreiem Bier

Collins Bier

3 cl Barsirup
2 cl Zitronensaft
1 cl Cranberrysirup
4 cl Orangensaft
1/2 aufgefüllt mit Bitter Lemon
1/2 aufgefüllt mit alk.freiem Bier

Cranberry Bier

4 cl Cranberryjuice
2 cl Lemonjuice
1/2 aufgefüllt mit Apfelsaft
1/2 aufgefüllt mit
alkoholfreiem Bier

Cup Bier

2 cl Mandarinensirup
1 cl Lemonjuice
6 cl Ananassaft
aufgefüllt mit alkoholfreiem Bier

Exotic Bier

2 cl Mangosirup
4 cl Maracujasirup
4 cl Ananassaft
4 cl Orangensaft
aufgefüllt mit alkoholfreiem Bier

Exotic Orange Bier

2 cl Mandelsirup
8 cl Orangensaft
2 cl Kokossirup
aufgefüllt mit alkoholfreiem Bier

Exoticus

6 cl Ananassaft
1 cl Grenadine
2 cl Limejuice
aufgefüllt mit alkoholfreiem Bier
1 Dash Rum-Ersatz

Flamingo Bier

2 cl Kokossirup
2 cl Erdbeersirup
8 cl Orangensaft
aufgefüllt mit alkoholfreiem Bier

Free Snow

4 cl Maracujanektar
4 cl Mangonektar (Saft)
1/2 aufgefüllt mit schwarzem Tee
1/2 aufgefüllt mit
alkoholfreiem Bier

Fruit Cup Bier

1 cl Vanillesirup
2 cl Mangosirup
2 cl Mandarinensirup
1 cl Lemonjuice
aufgefüllt mit alkoholfreiem Bier

Alkoholfreie Cocktails

Fruit Killer

4 cl Ananassaft
4 cl Birnennektar
2 cl Mandarinensirup
4 cl Kirschnektar
2 cl Orangensaft
aufgefüllt mit alkoholfreiem Bier

Funky Mouse

8 cl Kirschnektar
8 cl Birnennektar
2 cl Mandarinensirup
1/2 aufgefüllt mit alk.freiem Sekt
1/2 aufgefüllt mit alk.freiem Bier

Golden Vegas

2 cl Limejuice
2 cl Lemonjuice
10 cl Maracujanektar
aufgefüllt mit alkoholfreiem Bier

Green Bike

3 cl Havannasirup (Rumersatz)
2 cl Blue Curacao, alkoholfrei
6 cl Pfirsichnektar
2 cl Limejuice
1/2 aufgefüllt mit Bitter Lemon
1/2 aufgefüllt mit alk.freiem Bier

Green Lady Bier

4 cl London Dry Sirup
4 cl Blue Curacao, alkoholfrei
8 cl Lemonjuice
aufgefüllt mit alkoholfreiem Bier

Green Meadow

1 cl Bananensirup
2 cl Blue Curacao, alkoholfrei
4 cl Orangensaft
aufgefüllt mit alkoholfreiem Bier

Green Passion

4 cl Blue Curacao, alkoholfrei
4 cl Maracujasirup
aufgefüllt mit alkoholfreiem Bier

Highway Patrol Bier

2 cl Guavensirup
8 cl Orangensaft
8 cl Ananassaft
aufgefüllt mit alkoholfreiem Bier

Himbeer Ice Bier

8 cl Himbeersirup
1 cl Lemonjuice
1/2 Tee
1/2 aufgefüllt mit
alkoholfreiem Bier

Holly Wolly

2 cl Mandelsirup
2 cl Havannasirup
4 cl Kirschnektar
aufgefüllt mit alkoholfreiem Bier

Alkoholfreie Cocktails

Honeymoon Bier

4 cl Blue Curacao, alkoholfrei
2 cl Mandelsirup
2 cl Lemonjuice
4 cl Orangensaft
aufgefüllt mit alkoholfreiem Bier

Indian Summer

10 cl Maracujanektar
10 cl Aprikosennektar
1/2 aufgefüllt mit Tee
(Emarana Note)
1/2 aufgefüllt mit
alkoholfreiem Bier

Indianertrank

8 cl Zitronensaft
1 El Maiskeimöl
1 El Bierhefe
2 Tl Rohrzucker
1 Ei
10 cl Apfelsaft
1 El Weizenkeime
im Mixer verrühren und in großem
Tumbler servieren
Die vitale Wirkung setzt nach
etwa zwei Stunden ein!

Italian Lover

3 cl Barsirup Italiano
1 cl Mangosirup
2 cl Erdbeersirup
2 cl Lemonjuice
aufgefüllt mit alkoholfreiem Bier

Johannisbier

1/3 aufgefüllt mit
Johannisbeersaft
2/3 aufgefüllt mit
alkoholfreiem Bier

Karibisches Bier

1 cl Rumersatz
2 cl Grenadine
4 cl Lemonjuice
aufgefüllt mit alkoholfreiem Bier
1 Dash alkoholfreies Bitters

Kolibri Bier

2 cl Erdbeersirup
1 cl Lemonjuice
8 cl Tropical Mehrfruchtsaft
1/2 aufgefüllt mit Bitter Lemon
1/2 aufgefüllt mit
alkoholfreiem Bier

Lime Squeeze

4 cl Limejuice
2 cl Kokossirup
aufgefüllt mit alkoholfreiem Bier

Lucky Driver Bier

8 cl Orangensaft
4 cl Maracujasaft
2 cl Zitronensaft
2 cl Grenadine
aufgefüllt mit alkoholfreiem Bier

Alkoholfreie Cocktails

Magic Dance

4 cl Lemonjuice
4 cl Limejuice
1/2 aufgefüllt mit alkoholfreiem Wein
1/2 aufgefüllt mit alkoholfreiem Bier

Mandel-Kaffee-Bier

1 kleine Tasse kalten Kaffee
4 cl Mandelsirup
aufgefüllt mit alkoholfreiem Bier

Mango Maniac

4 cl Mangosirup
1/2 aufgefüllt mit Bitter Lemon
1/2 aufgefüllt mit alkoholfreiem Bier

Mango-Mando

2 cl Mandelsirup
4 cl Havannasirup
4 cl Limejuice
4 cl Mangosirup
aufgefüllt mit alkoholfreiem Bier

Manguschi

4 cl Mangosirup
2 cl Lemonjuice
2 cl Havannasirup
(oder Rum-Ersatz)
aufgefüllt mit alkoholfreiem Bier

Mexican Hip

2 cl Blue Curacao, alkoholfrei
6 cl Maracujanektar
6 cl Bananennektar
aufgefüllt mit alkoholfreiem Bier

Miami Bier Virgin

2 cl Maracujasaft
2 cl Lemonjuice
4 cl Ananassaft
4 cl Orangensaft
aufgefüllt mit alkoholfreiem Bier

Mint Cooler Bier

2 cl Pfefferminzsirup
1 cl Lemonjuice
4 cl Orangensaft
4 cl Maracujasaft
aufgefüllt mit alkoholfreiem Bier

Mr. President

Sektglas
1/2 gefüllt mit alkoholfreiem Sekt
1/2 gefüllt mit alkoholfreiem Bier

Mungo Cherry

2 cl Vanillesirup
4 cl Kirschsirup
4 cl Ananassaft
4 cl Orangensaft
aufgefüllt mit alkoholfreiem Bier

Alkoholfreie Cocktails

Orangenbier

4 cl Orangensaft
4 cl Triple Sec, alkoholfrei
4 cl Lemon Juice
aufgefüllt mit alkoholfreiem Bier

Paulchen Panther

4 cl Havannasirup
4 cl Kirschnektar
4 cl Bananennektar
aufgefüllt mit alkoholfreiem Bier

Pinky Pink

2 cl Cranberrysaft
8 cl Orangensaft
1/2 aufgefüllt mit Bitter Lemon
1/2 aufgefüllt mit
alkoholfreiem Bier

Punch und Bier

4 cl Havannasirup
1 cl Grenadine
6 cl Ananassaft
6 cl Orangensaft
2 cl Lemonjuice
aufgefüllt mit alkoholfreiem Bier

Pussy Bier

2 cl Grenadine
6 cl Orangensaft
6 cl Ananassaft
aufgefüllt mit alkoholfreiem Bier

Ralph's Virgin Special

8 cl Kirschnektar
2 cl Mandelsirup
2 cl Kokosnusssirup
2 cl Grenadine
aufgefüllt mit alkoholfreiem Bier

Red Bier

2 cl Grenadine
2 cl Johannisbeernektar
1/2 aufgefüllt mit Traubensaft
1/2 aufgefüllt mit
alkoholfreiem Bier

Red Light

2 cl Grenadine
2 cl Vanillesirup
4 cl Havannasirup
8 cl Preiselbeernektar
aufgefüllt mit alkoholfreiem Bier

Red Lips

4 cl Grenadine
1 cl Lemonjuice
4 cl Kokosmilch
aufgefüllt mit alkoholfreiem Bier

Red Passian

2 cl Grenadine
4 cl Orangensaft
1 cl Lemonjuice
1 cl Limejuice
aufgefüllt mit alkoholfreiem Bier

RED ROOM

2 cl Grenadine
4 cl Traubensaft rot
4 cl Kirschnektar
4 cl Preiselbeernektar
aufgefüllt mit alkoholfreiem Bier

RED ROOSTER

2 cl Grenadine
20 cl alkoholfreier Rotwein
10 cl Himbeersirup
1/2 aufgefüllt mit Ceylon-Tee
1/2 aufgefüllt mit
alkoholfreiem Bier

RED DISASTER

4 cl Erdbeersirup
2 cl Karamelsirup
2 cl Lemonjuice
2 cl Limejuice
aufgefüllt mit alkoholfreiem Bier

RED VIRGIN

4 cl Cranberrysirup
10 cl Traubensaft rot
aufgefüllt mit alkoholfreiem Bier

SANGRITA BIER

10 cl Sangrita
einige Tropfen Zitronensaft
aufgefüllt mit alkoholfreiem Bier

SANSIBIER

1 pürierte Kiwi
2 cl Zuckersirup (Grenadine)
4 cl Lemonjuice
aufgefüllt mit alkoholfreiem Bier

SMOOTHY BIER

4 cl Grenadine
2 cl Kokossirup
aufgefüllt mit alkoholfreiem Bier

SNOWBOARDER

4 cl Orangensaft
2 cl Maracujanektar
2 cl Bananennektar
2 cl Aprikosensaft
aufgefüllt mit alkoholfreiem Bier

SPECIAL FRUIT BIER

2 cl Mandelsirup
2 cl Blutorangensirup
2 cl Maracujasirup
2 cl Kirschsirup
aufgefüllt mit alkoholfreiem Bier

STRAWBERRY DAIQUIRI BIER

3 cl Lemonjuice
2 cl Erdbeersirup
4 cl Havannasirup
aufgefüllt mit alkoholfreiem Bier

Alkoholfreie Cocktails

Summer Cooler Bier

2 cl Limejuice
8 cl Kirschnektar
1/2 aufgefüllt mit Ginger Ale
1/2 aufgefüllt mit
alkoholfreiem Bier

Summer Holly

2 cl Cranberrysirup
4 cl Pfirsichsaft
4 cl Ananassaft
aufgefüllt mit alkoholfreiem Bier

Super Dance

4 cl Lemonjuice
1/2 aufgefüllt mit
alkoholfreiem Sekt
1/2 aufgefüllt mit
alkoholfreiem Bier

Tropical Event

4 cl Maracujasaft
6 cl Ananassaft
1/2 aufgefüllt mit Maracujatee
1/2 aufgefüllt mit
alkoholfreiem Bier

Tropical Love Bier

2 cl Maracujasirup
2 cl Mangosirup
2 cl Erdbeersirup
1 cl Lemonjuice
aufgefüllt mit alkoholfreiem Bier

Tropicana Bier

2 cl Limejuice
2 cl Kokossirup
8 cl Kirschnektar
8 cl Bananennektar
aufgefüllt mit alkoholfreiem Bier

Virgin Apricot

8 cl Aprikosensaft
2 cl Lemonjuice
1/2 aufgefüllt mit Tee
(auch Früchtetee)
1/2 aufgefüllt mit
alkoholfreiem Bier

Virgin Bier Colada

2 cl Kokossirup
8 cl Ananassaft
8 cl Orangensaft
aufgefüllt mit alkoholfreiem Bier

Virgin Caffee

1 kleine Tasse kalten Kaffe
4 cl alkoholfreien Sekt
2 cl Grenadine
aufgefüllt mit alkoholfreiem Bier

Virgin Campari

4 cl Campari (alkoholfrei)
1/2 aufgefüllt mit
alkoholfreiem Sekt
1/2 aufgefüllt mit
alkoholfreiem Bier

Virgin Fitness

4 cl Lemonjuice
1/3 aufgefüllt mit Papayasaft
1/3 aufgefüllt mit Mangosaft
1/3 aufgefüllt mit
alkoholfreiem Bier

Virgin green Swimmmingpool

2 cl Blue Curacao, alkoholfrei
2 cl Kokossirup
10 cl Ananassaft
aufgefüllt mit alkoholfreiem Bier

Virgin Greenhorn

4 cl Pfirsichsaft
2 cl Curacao blue, alkoholfrei
aufgefüllt mit alkoholfreiem Bier

Virgin Singapore Sling Bier

4 cl London Dry Sirup
2 cl Amarenakirschsirup
8 cl Lemonjuice
2 cl Grenadine
aufgefüllt mit alkoholfreiem Bier

Virgin Strawberry Bier

2 cl Kokossirup
2 cl Erdbeersirup
1/2 aufgefüllt mit
alkoholfreiem Sekt
1/2 aufgefüllt mit
alkoholfreiem Bier

Virgin Tom Collins Bier

6 cl London Dry Sirup
4 cl Lemonjuice
aufgefüllt mit alkoholfreiem Bier

Virgin Mai Tai Bier

1 cl Blue Curacao, alkoholfrei
1 cl Mandelsirup
2 cl Lemonjuice
4 cl Ananassaft
2 cl Orangensaft
aufgefüllt mit alkoholfreiem Bier
1 Dash Rum-Ersatz

Virgin Power Bier

1/2 aufgefüllt mit
Multivitaminsaft
1/2 aufgefüllt mit
alkoholfreiem Bier
1 Prise Zimt

Vitaminbier

2 cl Limejuice
2 cl Orangensaft
2 cl Kiwisaft
2 cl Ananassaft
1 cl Johannisbeersaft
aufgefüllt mit alkoholfreiem Bier

Cocktail-Pitchers

Als ich noch ein Brauerei gebundenes Lokal hatte, konnte ich nie meine Hektoliter Mindestabnahme erreichen und machte mir Sorgen, da ich pro nicht erreichtem Hektoliter eine größere Summe Strafe zahlen musste.

Zufällig war ich wieder in den USA und sah, dass dort das Bier in großen 1-2 Liter Krügen ausgeschenkt wurde. Zelebriert mit kleinen Gläsern mit Henkel. Nicht nur, dass es sehr amüsant war, nein, es hob auch den Bierumsatz.

Sogleich setzte ich das Gesehene bei mir im Restaurant um. Es war erstaunlich. Ich hatte wieder meinen gewünschten Bierumsatz und es lockte auch mehr Gäste an.

Euphorisch wie ich war, versuchte ich auch in die Pitcher dann noch Alkohol zu mischen. Und siehe da, am Ende hatten wir über 26 verschiedene Pitcher. Hier nur ein kleiner Auszug.

Meine Tipps und Tricks für Sie

- Bitte schenken Sie immer den Basisalkohol und den Modifier zuerst ein, erst dann mit Bier auffüllen.

- Verwenden Sie schöne Pitcher und keine ordinären Maßkrüge.

- Lassen Sie sich kleine Gläser mit Henkel machen (ähnlich wie Glühweingläser). Mit Ihrem Logo oder Ihrer Internetadresse versehen, können Sie die Gläser durchaus auch im Merchandising Programm günstig und als ideellen Werbeträger verkaufen.

- Verwenden Sie ruhig einige Eiswürfel im Pitcher (aber nicht zuviel!), das hält das Bier länger kühl und die Gäste trinken schneller.

- Variieren Sie mit 1 ltr, 1,5 ltr und 2 ltr Pitcherkrüge.

- Passen Sie die Rezepturen dann dementsprechend an. Meine Rezepturen sind für 1 Liter Pitcher gedacht.

- Bei Pitcher mit Lemon- oder Lime Juice empfiehlt es sich, 3–4 Lime Squeeze dazu zu geben.

- Bei sogenannten Trinkwundern verwenden Sie am besten Bock oder dunklen Doppelbock.

Cocktail-Pitchers

Absinth Dead

4 cl Absinth
4 cl Limejuice
4 cl Lemonjuice
aufgefüllt mit Bockbier (Starkbier)

Adlerhorst

0,5 l Sekt
0,5 l helles Bier

Alaska Eskimo

4 cl Wodka
4 cl Blue Curacao
aufgefüllt mit Bier

Arizona Route 66

4 cl Wodka
4 cl Tequila
0,2 l Ginger Ale
aufgefüllt mit Bier

Arkansas Hillbilly

4 cl Gin
1/2 aufgefüllt mit Apfelsaft
1/2 aufgefüllt mit Bier

Bananenweizen

1/2 Bananennektar
1/2 Hefeweißbier

Benzin

4 cl Wodka
aufgefüllt mit hellem Bier

Berliner Weisse mit Strippe

2 cl Waldmeistersirup
2 cl Himbeersirup
1 cl Korn
aufgefüllt mit Berliner Weißbier

Biene Maya Pitcher

4 cl Rum braun
6 cl Honigwein
aufgefüllt mit dunklem Bier

Bieropolitan

4 cl Wodka
2 cl Triple Sec
4 cl Limejuice
4 cl Lemonjuice
aufgefüllt mit Bier

BIERSCHNAPS PITCHER

4 cl Bierschnaps
aufgefüllt mit Bier

BISMARCK PITCHER

1/2 Champagner
1/2 Schwarzbier

BLOODY MARY BIER

4 cl Wodka
1 Prise Selleriesalz
1 Dash Worcester Sauce
1 Prise Pfeffer
1 Dash Tabasco
1/2 aufgefüllt mit Tomatensaft
1/2 aufgefüllt mit Bier

BLACK RIDER

4 cl Creme de Cassis
1/2 aufgefüllt mit Cola
1/2 aufgefüllt mit Hefeweizen

CALIFORNIA L.A. WOMAN

4 cl Captain Morgan 73 %
2 cl Grenadine
aufgefüllt mit dunklem Bier

BLACK RUSSIAN PITCHER

4 cl Wodka
4 cl Kahlua
aufgefüllt mit Dunkel- und Weißbier

CHELADA

1 ltr helles Export Bier
4 cl Limejuice

BLOND BIER ROB

10 cl Blackberryschnaps
aufgefüllt mit Bier
2 cl Sweet & Sour floaten

COLAWEIZEN (NEGER)

1/2 Cola
1/2 Hefeweißbier

Cocktail-Pitchers

Colorado Green

4 cl Blue Curacao
1/2 aufgefüllt mit Apfelsaft
1/2 aufgefüllt mit Bier

Confederate Bier Pitcher

5 cl Bourbon
2 cl Chambord
2 cl Curacao
aufgefüllt mit Bier

Creole Pitcher

4 cl Southern Comfort
4 cl Bourbon
4 cl Lemonjuice
aufgefüllt mit dunklem Bier

Day for Night

4 cl Maracujasaft
2 cl Creme de Mente
2 cl Limejuice
1/2 aufgefüllt mit Ginger Ale
1/2 aufgefüllt mit Bier

Death Valley Cooler

4 cl Crama de Menthe
4 cl Lemonjuice
1/2 aufgefüllt mit Champagner
1/2 auffüllen mit Pils

Deutschbier

4 cl Doppelkorn
8 cl Lemon Juice
aufgefüllt mit Pils

Diesel Pitcher

1/2 l Cola
1/2 l Pils

Fernet Bier

4 cl Fernet Branca
4 cl Lemonjuice
aufgefüllt mit dunklem Bier

Florida Alligator

4 cl Rum
0,2 l Bitter Lemon
0,2 l Orangensaft
aufgefüllt mit Bier

Food Goddess

4 cl Limejuice
1 cl Creme de Menthe
1 cl Chambord (Rasperry)
aufgefüllt mit Weißbier

Früchte Pitcher

4 cl Obstler
6 cl Himbeersaft
0,2 l Tonic
aufgefüllt mit Weißbier

Fruchttrunk

0,5 l Bier
4 cl Nusslikör
1 Zitrone (geriebene Schale)
2 El Zitronensaft
etwas kandierten Ingwer
3 El Honig
4 Gewürznelken
25 cl Orangensaft
25 cl Grapefruitsaft
20 cl Wasser
Alle Zutaten, außer Bier, in
Bowlengefäß 2 Stunden
durchziehen lassen
und mit Bier auffüllen.

Frühstücks Weisse

1 Dash Orangensaft
aufgefüllt mit Weißbier

Garry Black Cherry

1 cl Kirschlikör
2 cl Weinbrand
1/8 l Cola
aufgefüllt mit dunklem Bier

Ginger Bier

1/2 Ginger Ale
1/2 helles Bock-Bier

Goassmass

0,5 l Cola
0,5 l dunkles Bier (Hefe oder Bock)
4 cl Weinbrand

Granit

4 cl Metaxa
0,1 l Ginger Ale
aufgefüllt mit Weißbier

Griechisches Bier

2 cl Metaxa
1/2 aufgefüllt mit Apfelsaft
1/2 aufgefüllt mit Bier hell

Half-and-Half Cup

2 cl Weinbrand
1 Tl Ingwersirup
1/2 aufgefüllt mit Starkbier
1/2 aufgefüllt mit hellem Bier

Cocktail-Pitchers

Heller Moritz

0,5 l helles Weißbier
1 kleine Flasche Sekt (Piccolo)
1 Zitronenscheibe (mehrfach durchstochen in das Getränk legen)

Herrengedeck

1 Pilsglas
1/3 aufgefüllt mit Sekt
2/3 auffüllen mit Pils

Irish Bombbier Pitcher

4 cl Irish Whiskey
4 cl Kahlua
4 cl Bailey's
1/2 aufgefüllt mit Stout
1/2 aufgefüllt mit dunklem Bock

Isarwasser

0,5 l Hefeweizenbier (hell oder dunkel)
0,5 l Apfelsaft
4 cl Blue Curacao (möglichst auf den ganzen Schaum verteilen)

Jägermeister Pitcher

4 cl Jägermeister
1/2 aufgefüllt mit Cola
1/2 aufgefüllt mit dunklem Bier

Jalapeño Sunrise Bier

2 cl Grapefruitsaft
2 cl Lemonjuice
2 cl Limejuice
2 cl Granadine
2 cl kleine Jalapeñoschoten
aufgefüllt mit Bier

Jean Bière

4 cl Cognac
aufgefüllt mit hellem Bier

Kalte Ente

2/3 Pils
1/3 Zitronenlimonade

Kater-Frater

1/2 Zitrone (durchgeseihter Saft)
1/2 aufgefüllt mit Sodawasser
1/2 aufgefüllt mit Bier

Kentucky Whiskey Pitcher

4 cl Bourbon
1/2 aufgefüllt mit dunklem Weißbier
1/2 aufgefüllt mit dunklem Bier

Killer Bier

2 cl Wodka
2 cl Rum weiß
2 cl Gin
2 cl Tequila
2 cl Creme de Cacao weiß
2 cl Triple Sec
0,2 l Cola
4 cl Limejuice
aufgefüllt mit Bier

Kirschweizen

1/2 Sauerkirschnektar
1/2 Hefeweißbier

Lady's Bier

4 cl Rum
6 cl Sahne
1 cl Kirschsaft
aufgefüllt mit Bockbier

Laternenmass

1 Sektglas randvoll mit Kirschlikör wird in einen Maßkrug gestellt (so, dass beide oberen Ränder gleich hoch sind), mit 1 l Weizenbier (Hefeweizen schmeckt besser, Kristallweizen sieht besser aus) den Maßkrug füllen. Beim Trinken blamiert sich derjenige, bei dem sich der Likör mit dem Bier vermischt!

Krefelder

1/2 Cola
1/2 Altbier

Küstenpitcher

4 cl Kümmelschnaps
aufgefüllt mit
Champagnerweizen

Liberty Bier

4 cl Limejuice
2 cl Calvados
2 cl Rum weiß
aufgefüllt mit Pils

Long distance Bier

4 cl Limejuice
2 cl Cherry Heering
2 cl Apricot Brandy
2 cl Rum weiß
4 cl Rum braun
4 cl Rum braun 73 %
aufgefüllt mit dunklem Bier

Cocktail-Pitchers

Louisiana Mudd

4 cl Rum dunkel
0,2 ltr Cola
1/2 aufgefüllt mit
dunklem Weißbier
1/2 aufgefüllt mit dunklem Bier

Love Bier No. 10

2 cl Creme de Banana
2 cl Creme de Cacao
2 cl Triple Sec.
auffüllen mit Pils

Männertreu

1 Dash Cola
1 l helles Bier

Met Bier

4 cl Rum braun
1/2 aufgefüllt mit Met
1/2 aufgefüllt mit dunklem Bier

Mexican Melon Power Pitcher

4 cl Tequila
2 cl Medori
1/2 Redbull
1/2 Corona

Michigan Baseball

4 cl Gin
1/2 aufgefüllt mit Apfelsaft
1/2 aufgefüllt mit Bier

Munich 75

4 cl Gin
2 cl Limejuice
2 cl Lemonjuice
1/2 aufgefüllt mit Champagner
1/2 aufgefüllt mit Weißbier

New Jersy Beach

4 cl Rum weiß
4 cl Rum dunkel
8 cl Maracuja
aufgefüllt mit Bier

New York Brooklyn

4 cl Amaretto
4 cl Galliano
aufgefüllt mit Bier

Niederbayrischer Pitcher

4 cl Bärwurz
aufgefüllt mit hellem Bockbier

Cocktail-Pitchers

Oberbayrischer Bier Pitcher

4 cl Enzian
aufgefüllt mit Bockbier

Old Fashioned Pitcher

4 cl Bourbon
4 cl Läuterzucker
2 Dash Angostura
aufgefüllt mit dunklem Weißbier

Österreichisches Radler

1/2 Almdudler
1/2 Helles

Peach Bier

4 cl Peachschnaps
1/2 aufgefüllt mit Pfirsichsaft
1/2 aufgefüllt mit Bier

Peach Pitcher

4 cl Peachlikör
2 cl Pfirsichmark
4 cl Rum weiß
auffüllen mit Pils

Pfirsichweizen

1/2 Pfirsichnektar
1/2 Hefeweißbier

Pilot's Pie In The Sky

8 cl Campari
Saft einer ganzen Limette
1/2 aufgefüllt mit Orangenlimo
1/2 aufgefüllt mit Pils

Pitcher of frozen Strawberry Margarita

1 kg gefrorene Erdbeeren
8 cl Tequila
2 cl Triple Sec
8 cl Roses Lemonjuice
8 cl Roses Limejuice
Im Elektroblender mit Glasaufsatz zubereiten.
Ohne Eis!
aufgefüllt mit Bier

Puerto Rico 51st State

4 cl Kiwischnaps
0,2 l Ananassaft
aufgefüllt mit Bier

Cocktail-Pitchers

Radler

1/2 Zitronenlimonade
1/2 helles Bier

Radschläger-As

0,5 l Sekt
0,5 l Altbier

Ramazotti Bier

4 cl Ramazotti
4 cl Limejuice
aufgefüllt mit dunklem Bier

Russen Pitcher

0,5 l helles Hefeweizen
0,5 l Zitronenlimonade

Schmutz

0,5 l Cola
0,5 l Pils
in einen Maßkrug zuerst Cola,
dann das Pils

Sommer Cooler Bier

4 cl Orangensaft
1 Dash Angostura
1/2 aufgefüllt mit
Zitronenlimonade
1/2 aufgefüllt mit Weißbier

Spiced Green Bier

4 cl Captain Morgan, spiced
2 cl Blue Curacao
2 cl Zitronensaft
aufgefüllt mit Bier

Spring Break

2 cl Rum, weiß
2 cl Rum, dunkel
2 cl Triple Sec.
4 cl Lemonjuice
aufgefüllt mit Weißbier

Stout Sangaree

2 Dash Läuterzucker
2 Dash Wasser
36 cl Stout
3 cl Portwein rot
1 Prise geriebene Muskatnuss
obenauf, 1 Prise Zimt obenauf

Super Diesel

4 cl Rum dunkel
1/2 aufgefüllt mit Cola
1/2 aufgefüllt mit Altbier

Cocktail-Pitchers

Tawarisch

1 El Zitronensaft
4 cl Wodka
0,5 l Starkbier,hell

Tee Pitcher

4 cl Teeschnaps
1/2 aufgefüllt mit grünem Tee
1/2 aufgefüllt mit Weißbier

Tennessee Bootleg

4 cl Bourbon
1/2 aufgefüllt mit Cola
1/2 aufgefüllt mit dunklem Bier

Texas Border Bier

Pitcher (1 ltr) Eis
4 cl Tequila
4 cl Lime Juice
4 cl Lemon Juice
aufgefüllt mit Export Bier
Unbedingt mit Lime-Squeeze garnieren

Virginia Patriot

4 cl Peachtree
4 cl Cherry Brandy
aufgefüllt mit Bier

Vulcano Beer

2 cl Himbeergeist
2 cl Blue Curacao
1/2 aufgefüllt mit Sekt
1/2 auffüllen mit Pils

Wash-Trash

8 cl Maracujasaft
2 cl Maracujasirup
3 cl Rum weiß
3 cl Rum braun
aufgefüllt mit Bier

White House

4 cl Rum
4 cl Wodka
0,2 l Ginger Ale
aufgefüllt mit Bier

Water Melon Pitcher

4 cl Marie Brizzard Wassermelonenlikör
4 cl Lemonjuice
4 cl Limejuice
4 cl Tequila
aufgefüllt mit Bier

Cocktail-Pitchers

Wein Pitcher

1/3 Wein
1/3 Zitronenlimo
1/3 Bier
Lime squeeze

Wonder Bier

1/3 Kirschsaft
1/3 Bananensaft
1/3 Weißbier

Zimt Bier

4 cl Southern Comfort
2 Dash Zimtsirup
aufgefüllt mit dunklem Bier

NOTIZEN FÜR EIGENE REZEPTE:

Designer-Cocktails

Meine Tipps und Tricks für Sie

- Verwenden Sie Designergläser – je verrückter um so besser, bunt und ausgefallen müssen sie sein. Inhalt 0,3 Liter.

- Gehen Sie bei der Dekoration weg von irgendwelchen Früchten. Nehmen Sie statt dessen lieber z.B. mal :
  - Schokolade (geformte Schokoblättchen, goldener oder bunter Schokostreusel usw.)
  - Marzipan (hängen Sie nette Ornamente oder Figuren aus Marzipan ans Glas)
  - Zucker (entweder verschiedenfarbige Zuckerränder oder Zuckerblätter oder aus karamellisiertem Zucker kuriose Formen ziehen)
  - Hier dürfen Sie das, im Gegenteil hier muss so etwas sogar dran !

- Hier nur ein paar Beispiele. Versuchen Sie ruhig selbst einmal einen Drink zu designen. Mit Auffüllen, Legen, Floaten oder Toppen!

Designer-Cocktails

Bierlini

2 cl Peachtree
aufgefüllt mit Pils
2 cl Wodka obenauf

Flying Cooler

3 cl Blue Curacao
3 cl Rum, weiß
6 cl Ananassaft
1/2 aufgefüllt mit Pils
Toppen mit Blue Curacao

Flying Bird

2 cl Parfait D'amour
aufgefüllt mit Pils
2 cl Wodka obenauf

Rabbits flying Revenge

3 cl Bourbon Whiskey
2 cl Ananassaft
1 cl Grenadine
1/2 aufgefüllt mit Pils
Toppen mit Blue Curacao

Motivation Bier

6 cl Kombucha
aufgefüllt mit Bier

Black Beauty

3 cl Crème de Cassis
1/2 aufgefüllt mit Champagner
1/2 aufgefüllt mit Bier
Toppen mit Crème de Cassis

Natures Best

4 cl Himbeersaft
4 cl Lemonjuice
aufgefüllt mit Pils

Flying Ralph

4 cl Tequila, gold
4 cl Lemonjuice
4 cl Limejuice
aufgefüllt mit Pils
Toppen mit Kahlua

Ralphs Revanche

2 cl Crème de Cassis
aufgefüllt mit Pils
2 cl Wodka obenauf

Peckerhead

3 cl Amaretto
3 cl Yukon Jack
aufgefüllt mit Pils
Toppen mit Amaretto

Passion Pussy

6 cl Schlagsahne
1 cl Grenadine
5 cl Grand Marnier
auffüllen mit Pils
zusätzlich mit Schlagsahne
floaten

MOFO

4 cl Cranberryjuice
4 cl Wodka
4 cl Peachschnaps
1/2 auffüllen mit Milch
1/2 auffüllen mit dunklem Bier
mit Sahnehaube

Strip and go naked

6 cl Roséwein
6 cl Lemonjuice
6 cl Soda
auffüllen mit Pils
Toppen mit Baileys

Hard Dick

4 cl Wodka
4 cl Frangelico
1/2 auffüllen mit Tonic
1/2 auffüllen mit Pils
Toppen mit Cranberryjuice

Spanish Fly

4 cl Tequila, brown
4 cl 43 Likör
auffüllen mit Pils
Toppen mit Zimtstange

S.H.I.T.

4 cl Sambuca
4 cl Holunderlikör
4 cl Irish Mist
4 cl Tequila
auffüllen mit Pils
Toppen mit Holunderlikör

EDIBLES

Edibles sind kleine Biere mit Schnäpsen, auf denen etwas Essbares liegt.
Zuerst wird gegessen und dann hinuntergespült …

MEINE TIPPS UND TRICKS FÜR SIE

Jede Nation hat eine Nationalspirituose und ein kleines Nationalgericht.
Verwenden Sie immer beide zusammen zu einem wunderbaren „Gedeck"!

z.B. Spanien : Dunkles Bier und Sherry mit Tapas oben auf.
Italien : Helles Bier und Grappa mit Bruschetta
Frankreich : Helles Bier mit Pernot und kleinen Crêpes.
oder: Amer Picon mit dunklem Bier und kleinem Baguette
Mexico : Tequila mit Mexikanischem Bier und Nachos usw.

- Sie können die Spirituosen mit dem Bier direkt mischen oder separat servieren. Nur sollte das Essbare auf einem der Gläser serviert werden.

- Das Schnapsglas sollte 4 cl sein und das Bierglas 0,2 Liter haben.

- Beim Mischen ein Bierglas mit 0,3 verwenden.

- Gut würzen !! (Das macht Durst !)

Edibles

Kölnländer

4 cl Doppelkorn
1 Kölsch oder dunkles Bier
1 dicke Scheibe Salami
mit Senfhaube

Radi Bier

4 cl Obstler
1 kleines Weißbier
gut gesalzener Radi oben

Luigi Malone

4 cl Sambuca
1 helles Bier
1 Mini Pizza

Pillkaller

4 cl Steinhäger
1 helles Bier
1 dicke Scheibe Leberwurst
mit Senfhaube

Biereier

4 cl Weinbrand
1 Pils
1 Ei halbieren, Eidotter entfernen
und mit Tabasco, Essig, Salz,
Pfeffer, Senf und dem restlichen
Eidotter wieder füllen,
dann auf das Glas legen.

NOTIZEN FÜR EIGENE REZEPTE:

Energy Cocktails

Meine Tipps und Tricks für Sie

- Sie können hier die gängigsten Energydrinks verwenden. Bitte keine Energywasser oder -Säfte.

- Versuchen Sie immer den Energydrink gleichzeitig mit dem Bier einzugiessen.

- Immer den Basisalkohol mit dem Modifier zuerst einschenken, dann die Filler!

- Als Gläser könnte man 0,4 ltr. Gläser mit Stiel verwenden oder aber auch mittlere Tumbler.

- Nicht umrühren oder shaken, da sonst die Kohlensäure verloren geht !

Energy Cocktails

Americano Power

4 cl Campari
4 cl Roter Wermut
1/2 aufgefüllt mit Energydrink
1/2 aufgefüllt mit Bier

Apple Power

2 cl Calvados
4 cl Wodka
1/2 aufgefüllt mit Energydrink
1/2 aufgefüllt mit Bier

Banana Power

4 cl Bananenlikör
2 cl Lemonjuice
1/2 aufgefüllt mit Energydrink
1/2 aufgefüllt mit Bier

Banateo Power

4 cl Grüner Bananenlikör
1 cl Limejuice
1/3 aufgefüllt mit Energydrink
1/3 aufgefüllt mit Bier
1/3 aufgefüllt mit Earl Grey Tee

Black Magic

1 kleine Tasse kalten Kaffee
2 cl Zuckersirup
1/3 aufgefüllt mit Sekt
1/3 aufgefüllt mit Energydrink
1/3 aufgefüllt mit dunklem Bier

Bullbier

4 cl Wodka
1/2 aufgefüllt mit Energy Drink
1/2 aufgefüllt mit Bier

Bullcar

2 cl Lemonjuice
2 cl Triple Sec
4 cl Brandy
1/2 aufgefüllt mit Energydrink
1/2 aufgefüllt mit Bier

Campari Super

4 cl Campari
1/3 aufgefüllt mit Sekt
1/3 aufgefüllt mit Energydrink
1/3 aufgefüllt mit Weißbier

CC Highball Power

4 cl Canadian Club
1/3 aufgefüllt mit Ginger Ale
1/3 aufgefüllt mit Energydrink
1/3 aufgefüllt mit Bier

Cheer-up-Power

2 cl Cynar
2 cl Wermut rot
2 cl Wodka
1/2 aufgefüllt mit Energydrink
1/2 aufgefüllt mit dunklem Bier

Energy Cocktails

Cherry Power

4 cl Wodka
4 cl Kirschlikör
1/2 aufgefüllt mit Energydrink
1/2 aufgefüllt mit Bier

Cranberry Power

4 cl Wodka
4 cl Cranberrysaft
1/2 aufgefüllt mit Energydrink
1/2 aufgefüllt mit Bier

Chinona Power

4 cl Campari
2 cl Portwein trocken
1 cl Limejuice
1/2 aufgefüllt mit Energydrink
1/2 aufgefüllt mit Bier

Creole Panty Power

5 cl Bourbon
1/4 aufgefüllt mit Lemonjuice
1/4 aufgefüllt mit Limejuice
1/4 aufgefüllt mit Energydrink
1/4 aufgefüllt mit Bier

Coffee Power

1 Tasse kalten Kaffe
2 cl Wodka
1/2 aufgefüllt mit Energydrink
1/2 aufgefüllt mit dunklem Bier

Cuba Power

4 cl Rum dunkel
1/3 aufgefüllt mit Energydrink
1/3 aufgefüllt mit Cola
1/3 aufgefüllt mit dunklem Bier

Continental Power

4 cl Cognac
2 cl Lemonjuice
1 cl Limejuice
1/2 aufgefüllt mit Energydrink
1/2 aufgefüllt mit Bier

Currant Power

5 cl Rum, weiß
2 cl Sloe Gin (Persico)
2 cl Lemonjuice
1/2 aufgefüllt mit Energydrink
1/2 aufgefüllt mit Bier

Cosmopolitan Power

4 cl Wodka
2 cl Triple Sec
2 cl Limejuice
2 cl Lemonjuice
1/2 aufgefüllt mit Energydrink
1/2 aufgefüllt mit Bier

Death in the Afternoon

4 cl Ricard (Pernod)
1/3 aufgefüllt mit Sekt
1/3 aufgefüllt mit Energydrink
1/3 aufgefüllt mit Bier

Energy Cocktails

Death Valley Cooler Bier

4 cl Creme de Menthe
2 cl Lemonjuice
1/2 aufgefüllt mit Energydrink
1/2 aufgefüllt mit Bier

Don Power

2 cl Campari
2 cl Gin
2 cl Sherry, trocken
1/2 aufgefüllt mit Energydrink
1/2 aufgefüllt mit Bier

East Eye Power

2 cl Danziger Goldwasser
4 cl Wodka
2 cl Lemonjuice
1/2 aufgefüllt mit Energydrink
1/2 aufgefüllt mit Bier

Elitär

1/3 Sekt oder Champagner
1/3 Energy Drink
1/3 Pils

Energy Dark

1/2 Energy Drink
1/2 Weißbier dunkel

Englisch Power Bier

5 cl Scotch
2 cl Lemonjuice
1/3 aufgefüllt mit Englischem Tee
1/3 aufgefüllt mit Energydrink
1/3 aufgefüllt mit Ale

Estragon Power

4 cl Limejuice
1/3 aufgefüllt mit Sekt
1/3 aufgefüllt mit Energydrink
1/3 aufgefüllt mit Weißbier
frische Estragonblätter

Exotica

4 cl Rum weiß
6 cl Ananassaft
2 cl Kokosrum
1/2 aufgefüllt mit Energydrink
1/2 aufgefüllt mit Bier

Fire House Power

4 cl Wodka mit Pfeffer
4 cl Tequila
2 Dash Tabasco
1/2 aufgefüllt mit Energydrink
1/2 aufgefüllt mit Bockbier
1 Jalapeño Schote

Firecracker Alarmpower

6 cl Captain Morgan 73 %
2 cl Grenadine
1/2 aufgefüllt mit Energydrink
1/2 aufgefüllt mit Bockbier

FLUFFY DUCK POWER

6 cl Gin
2 cl Cointreau
1/2 aufgefüllt mit Energydrink
1/2 aufgefüllt mit Bier

FUZZY POWER

6 cl Wodka
1 cl Zimtsirup
2 cl Pfirsichlikör
1/2 aufgefüllt mit Energydrink
1/2 aufgefüllt mit Bier

GARDEN POWER

4 cl Himbeerlikör
4 cl Kirschlikör
4 cl Weinbrand 1/2
1/2 aufgefüllt mit Energydrink
aufgefüllt mit Bier

GIRL'S POWER

6 cl Gin
2 cl Sherry dry
1 Dash Orange Bitter
1 Dash Angostura Bitter
1/2 aufgefüllt mit Energydrink
1/2 aufgefüllt mit Bier

GREEN BITTER POWER

4 cl Blue Curacao
1/3 aufgefüllt mit Bitterlemon
1/3 aufgefüllt mit Energydrink
1/3 aufgefüllt mit Bier

GREEN MORNING POWER

4 cl Gin
4 cl Curacao blue
1/2 aufgefüllt mit Energydrink
1/2 aufgefüllt mit Bier

HAVANA POWER

6 cl Rum
2 cl Mangosirup
1/2 aufgefüllt mit Energydrink
1/2 aufgefüllt mit Bier

HAZEL POWER

2 cl Haselnusssirup
1/2 aufgefüllt mit Energydrink
1/2 aufgefüllt mit Bier

HIMBI POWER

6 cl Rotwein
4 cl Himbeergeist
1/2 aufgefüllt mit Energydrink
1/2 aufgefüllt mit dunklem Bier

HONOLULU COOLER POWER

5 cl Bourbon
1 cl Lemonjuice
6 cl Ananassaft
1/2 aufgefüllt mit Energydrink
1/2 aufgefüllt mit Bier

Energy Cocktails

Hornitos Power

4 cl Tequila
2 cl Limejuice
2 cl Grand Marnier
1/2 aufgefüllt mit Enerydrink
1/2 aufgefüllt mit Bier

Liberty Power

2 cl Calvados
2 cl Rum weiß
2 cl Limejuice
1/2 aufgefüllt mit Energydrink
1/2 aufgefüllt mit Bier

Idiot Donis Power

4 cl Wodka
2 cl Aprikot Brandy
3 cl Ananassaft
1/2 aufgefüllt mit Energydrink
1/2 aufgefüllt mit Bier

Magic Power

6 cl Rotwein
4 cl Weinbrand
1/2 aufgefüllt mit Energydrink
1/2 aufgefüllt mit dunklem Bier

Kir Power

4 cl Creme de Cassis
1/2 aufgefüllt mit Energydrink
1/2 aufgefüllt mit Bier

Malibu Power

4 cl Malibu Rum
4 cl Ananassaft
1/2 aufgefüllt mit Energydrink
1/2 aufgefüllt mit Bier

Kir Royal Power

4 cl Creme de Cassis
1/3 aufgefüllt mit Sekt
1/3 aufgefüllt mit Energydrink
1/3 aufgefüllt mit Bier

Mango Maniac Power

4 cl Mangosirup
4 cl Gin
1/2 aufgefüllt mit Energydrink
1/2 aufgefüllt mit Bier

Lady Power

4 cl hellen Rum
2 cl Amaretto
2 cl Lemonjuice
1/2 aufgefüllt mit Energydrink
1/2 aufgefüllt mit Bier

Mani Power

4 cl Wodka
2 cl Grand Marnier
2 cl Kokosrum
1/2 aufgefüllt mit Energydrink
1/2 aufgefüllt mit Bier

MARDI GRAS POWER

4 cl Wodka
2 cl Blue Curacao
2 cl Cranberry Juice
2 cl Limejuice
1/2 aufgefüllt mit Energydrink
1/2 aufgefüllt mit Bier

MARINA POWER

4 cl Campari
2 cl Sherry trocken
1/3 aufgefüllt mit Ginger Ale
1/3 aufgefüllt mit Energydrink
1/3 aufgefüllt mit Bier

MARINA SUPER POWER

4 cl Campari
2 cl Sherry
1/3 aufgefüllt mit Sekt
1/3 aufgefüllt mit Energydrink
1/3 aufgefüllt mit Bier

METROPOLIS POWER

4 cl Creme de Framboise
4 cl Wodka
1/3 aufgefüllt mit Sekt
1/3 aufgefüllt mit Energydrink
1/3 aufgefüllt mit Bier

MIMOSA POWER

4 cl Orangensaft
1/3 aufgefüllt mit Sekt
1/3 aufgefüllt mit Energydrink
1/3 aufgefüllt mit Bier

MISSISSIPPI POWER

4 cl Southern Comfort
2 cl Lemonjuice
1/3 aufgefüllt mit Ginger Ale
1/3 aufgefüllt mit Energydrink
1/3 aufgefüllt mit Bier

MONKEY PILS

4 cl Bananensaft
1/2 aufgefüllt mit Energydrink
1/2 aufgefüllt mit Pils

MOSQUITO POWER

6 cl Wodka
2 cl Cointreau
2 cl Lemonjuice
2–3 Dash Tabasco
1/2 aufgefüllt mit Energydrink
1/2 aufgefüllt mit Bier

MOTHER'S DAY POWER

6 cl Wodka
1 Dash Wermut
1 cl Rosenwasser
1/2 aufgefüllt mit Energydrink
1/2 aufgefüllt mit Bier
Rosenblätter Garnitur

OLD FASHIONED POWER

4 cl Bourbon
1 Dash Angostura Bitter
1/2 aufgefüllt mit Energydrink
1/2 aufgefüllt mit dunklem Bier

Energy Cocktails

Planters Bier

8 cl Orangensaft
2 cl Grenadine
2 cl Rum braun
2 cl Rum weiß
2 cl Limettensaft
1/2 aufgefüllt mit dunklem Bier
1/2 aufgefüllt mit Energydrink

Power Margarita

4 cl Tequila
2 cl Cointreau
2 cl Lemonjuice
1/2 aufgefüllt mit Energydrink
1/2 aufgefüllt mit Bier

Power Sunny

4 cl Korn
2 cl Maracujasirup
1/2 aufgefüllt mit Energydrink
1/2 aufgefüllt mit Bier

Prayer's Power

4 cl Gin
2 cl Cointreau
2 cl Orangensaft
2 cl Lemonjuice
1/2 aufgefüllt mit Energydrink
1/2 aufgefüllt mit Bier

Red Lip Power

4 cl Grenadine
4 cl Weinbrand
2 cl Lemonjuice
2 cl Kokosrum
1/2 aufgefüllt mit Energydrink
1/2 aufgefüllt mit Bier

South of the Boarder Bier

4 cl Tequila
2 cl Limejuice
2 cl Lemonjuice
1/2 aufgefüllt mit Energydrink
1/2 aufgefüllt mit Bier

Spanisch Power

4 cl Brandy, spanisch
2 cl Likör 43
1/2 aufgefüllt mit Energydrink
1/2 aufgefüllt mit Bier

Special Power Bier

2 cl Cherry Heering (Kirschlikör)
2 cl Apricot Brandy
2 cl Rum weiß
4 cl Rum braun 73 %
1/2 aufgefüllt mit Energydrink
1/2 aufgefüllt mit Bier

Tee Power

2 cl Blue Curacao
0,1 l Sekt
0,1 l Energydrink
0,1 l Bier
0,1 l Früchtetee

Tropical Energy Bier

1 cl Limejuice
2 cl Coconut Rum
4 cl Rum
1/2 aufgefüllt mit Energydrink
1/2 aufgefüllt mit Bier

Venice Power

4 cl Rum
2 cl Campari
2 cl Lemonjuice
2 cl Orangejuice
1 Dash Angostura
1/2 aufgefüllt mit Energydrink
1/2 aufgefüllt mit Bier

Vulcano Bier

4 cl Himbeergeist
1/2 aufgefüllt mit Energydrink
1/2 aufgefüllt mit Weißbier

Vulcano Luxury Bier

4 cl Himbeergeist
2 cl Blue Curacao
1/3 aufgefüllt mit Champagner
1/3 aufgefüllt mit Energydrink
1/3 aufgefüllt mit Weizenbier

Woodford Mint Power

4 cl Bourbon (Woodford Reserve)
2 cl Creme de Menthe
1/2 aufgefüllt mit dunklem Bier
1/2 aufgefüllt mit Energydrink

Zorros Hunt Beer

4 cl Ramazotti
1/3 Energydrink
1/3 Cola
1/3 dunkler Bock

Fancy Cocktails

Meine Tipps und Tricks für Sie

- Bei den klassischen Cocktails ist alles vorgeschrieben d.h. das Glas, der Inhalt und die Garnitur stehen schon laut Rezept fest. Bei Fancy- oder Exotic-Drinks ist nichts vorgeschrieben - sie sollen Eigenkreationen eines jeden Bartenders sein.

- Also können Sie hier auch variieren mit dem Bier. Verwenden Sie doch mal ein amerikanisches, mexikanisches oder gar ein asiatisches Bier.

- Hurricane oder Mai-Tai Gläser 0,5 ltr wären dabei angesagt. Bitte 1/2 voll mit Crushed Ice.

- Shaken oder im Elektromixer zubereiten und über das Crushed Ice strainen und mit Bier auffüllen.

- Vorsicht beim Eingießen mit Bier über Crushed Ice! Das Bier schäumt sehr stark.

- Achtung auch bei Garnituren! In dieser Kategorie bitte nichts an den Glasrand hängen! Wenn der Schaum verschwindet, sieht die Garnitur erbärmlich aus ...

- Kirschen und Limettenscheiben oder Limetten Squeezes kann man ins Glas geben. Dekorativ sind auch irgendwelche essbaren kleinen Blätter oder Blüten, die man auf den Schaum legt. Ist der Schaum vergangen, schwimmen sie auf dem Drink.

- Verwenden Sie frisch gepresste Säfte oder Früchtepürees.

Fancy Cocktails

Baby Bier

2 cl Bananenlikör
2 cl Kokosrum
aufgefüllt mit Bier

Bacardi Bier

4 cl Rum, weiß
1 cl Kokosnussschnaps
aufgefüllt mit Bier

Beer Buster

5 cl Wodka
2 Dash Tabasco
aufgefüllt mit heißem Schankbier

Bier Nr. 1

2 cl brauner Rum
2 cl weißer Rum
2 cl Grenadine
8 cl Orangensaft
aufgefüllt mit Pils

Bier L'Amour

3 cl Safari Likör
3 cl Aperol
2 cl Erdbeerlikör
2 cl Limejuice
aufgefüllt mit Pils

Boilermaker

5 cl Whiskey
aufgefüllt mit hellem Export Bier
(Stamperlglas mit Whiskey kann im Bierglas platziert werden)

Caibieroshka

5 Wodka
1 Limette
brauner Zucker
Zubereitung wie Caipi
aufgefüllt mit hellem Bier

Caibierinha Royal

4 cl Creme de Cassis
2 cl Rum (Havanna Club)
0,3 l Weißbier
1 Limette, achteln
3 Eiswürfel
Limette im Glas mit 3 BL Rohrzucker zerdrücken, Eiswürfel und restl. Zutaten dazu, aufrühren und zum Schluss mit Weißbier auffüllen.

Caribeau Bier

4 cl Kokosrum
4 cl Ananassaft
2 cl Grenadine
aufgefüllt mit dunklem Bier

CHARLY'S SECRET

4 cl Rum, weiss
1/2 aufgefüllt mit Sinalco
1/2 aufgefüllt mit Bier

COSMOS BIER

6 cl Wodka
4 cl Cranberryjuice
aufgefüllt mit Bier

CHARLY'S SECRET

1 cl Kokoslikör
1 cl Creme de Cacao
Auffüllen mit hellem Export Bier

DANGEROUS LIAISONS BIER

8 cl Ananassaft
4 cl roter Traubensaft
1 cl Lemonjuice
aufgefüllt mit Bier

CITRUS CHIVAS BIER

3 cl Scotch Whisky
1 cl Zitrone
2 cl Lime Juice
2 cl Apricot Brandy
4 cl Ananassaft
4 cl Maracujasaft
aufgefüllt mit Bier

EXOTIC BIER

4 cl Wodka Mandarin
2 cl Bananenlikör
4 cl Orangensaft
aufgefüllt mit Bier

EXOTIC II BIER

4 cl Wodka
2 cl Passoa
2 cl Ananassaft
aufgefüllt mit Bier

COCOS BIER

4 cl Bourbon Whiskey
2 cl Kokossirup
1 cl Zitronensaft
2 cl Limejuice
aufgefüllt mit Bier

GOLDEN VELVET

2 cl frischer Ananassaft
1/8 ltr kühles, helles Bier
1/8 ltr gekühlter
Champagner Brut
1 Minzezweig zum Garnieren

Fancy Cocktails

Grant's Bahamas

4 cl Glen Grant
2 cl Ananassaft
2 cl Maracujasaft
2–3 cl Grenadine
aufgefüllt mit hellem Bier

Green Wave

2 cl eiskalten Wodka
2 cl Blue Curacao
1 cl Limettensaft
aufgefüllt mit hellem Bier

Hawaiian Bier

4 cl Kokosnussrum
4 cl Rum dunkel
4 cl Ananassaft
2 cl Sahne
aufgefüllt mit dunklem Bier

Irish Snake

4 cl Irish Whiskey
1/2 aufgefüllt mit Cidre
1/2 aufgefüllt mit Stout

Kahlua Bier

4 cl Captain Morgan
4 cl Kahlua
aufgefüllt mit dunklem Bier

Kokos Bier

4 cl Kokosrum
4 cl Kokoslikör
aufgefüllt mit dunklem Bier

Mai Tai Bier

2 cl Brauner Rum
2 cl Weißer Rum
2 cl Amaretto
4 cl Lemon Juice
4 cl Lime Juice
aufgefüllt mit dunklem Weißbier

Malibu Bier

4 cl Whiskey
2 cl Malibu
2 cl Limejuice
1–2 cl Cherry Brandy
1 cl Läuterzucker
aufgefüllt mit Bier

Mandracuya Bier

6 cl Wodka Mandarin
2 cl Mandarinsirup
1 cl Grenadine
1 cl Zitronensaft
aufgefüllt mit Bier

Mangolian Mother

4 cl Captain Morgan 73 %
4 cl Southern Comfort
2 cl Amaretto
2 cl Peach
aufgefüllt mit dunklem Bier

Mani Wani

4 cl Rum weiß
4 cl Coconut Rum
4 cl Ananassaft
aufgefüllt mit Weißbier

Margarita Gorilla

4 cl Tequila weiß
4 cl Tequila braun
2 cl Cointreau (Triple Sec)
4 cl Lemonjuice
4 cl Limejuice
aufgefüllt mit Bier

Maulesel

3 cl Gin
3 cl Zitronensaft
aufgefüllt mit hellem Export Bier

Minto Bier

6 cl Wodka
4 cl Pfefferminzlikör
4 cl Limejuice
4 cl Lemonjuice
aufgefüllt mit Bier

Mojito Bier

4 cl Rum
4 cl Limejuice
4 cl Lemonjuice
4 cl Creme de Menthe
aufgefüllt mit Bier

Mule's Collar

4 Dash Angostura-Bitter
5 cl Zitronensaft
aufgefüllt mit hellem Export Bier

O.J. Sipsome (secret)

4 cl Rum dunkel 73 %
4 cl Coconut Rum
aufgefüllt mit dunklem Bier

Pilot's Pie in the Sky

4 cl Wodka
4 cl Gin
4 cl Blue Curacao
aufgefüllt mit Bier

Red Eye

Orginalrezept aus dem Film "Cocktails"
4 cl Rum hell
2 Stk Vitamintabletten
2 Dash Tabasco
1 Ei
0,2 ltr Tomatensaft
0,2 ltr Bier

Fancy Cocktails

Russe

1/2 Zitronenlimonade
1/2 Weißbier

Sleeping Dog Bier

2 cl Peach
2 cl Erdbeerlikör
2 cl Captain Morgan
aufgefüllt mit dunklem Bier

Russian Bier

5 cl Wodka
1/2 aufgefüllt mit Weißbier
1/2 aufgefüllt mit Zitronenlimonade

Touchdown

4 cl Zitronenwodka
2 cl Rum weiß
2 cl Cointreau
aufgefüllt mit Bier

Shandy

1/2 Zitronenlimonade
1/2 Guinness Bier

Vanilla Fudge

2 cl Kahlua
2 cl Vanillesirup
2 cl Galliano
aufgefüllt mit Bier

Side Car Bier

4 cl Lemonjuice
2 cl Triple Sec
4 cl Weinbrand
aufgefüllt mit Bier

Watermelon Beach

4 cl Wassermelonenlikör Marie Brizzard
4 cl Rum weiß
aufgefüllt mit Bier

Skip and Go Naked 1

6 cl Gin
4 cl Limejuice
4 cl Lemonjuice
aufgefüllt mit Bier
4–5 Limetten Squeeze

White Trash Colada

4 cl Rum weiß
4 cl Malibu Rum
4 cl Apricot Brandy
aufgefüllt mit Bier

WODKA BLACK BIER

6 cl Wodka Mandarin
1/2 aufgefüllt mit Cola
1/2 aufgefüllt mit dunklem Bier

ZOMBIER

2 cl Brauner Rum
2 cl Weißer Rum
2 cl Dunkler Rum
8 cl Orangensaft
8 cl Ananassaft
aufgefüllt mit Lagerbier

ZAUBER DER KARIBIK

4 cl Passoa
4 cl weißer Rum
4 cl weißer Kokosrum
aufgefüllt mit Pils

Internationale Cocktails

Jede Nationalität hat ihre eigenen Biere. Deshalb rate ich auch, bei diesen Drinks immer das jeweils entsprechende zu verwenden.

Die Gläser variieren zwischen 0,3 – 0,5 Liter. Bitte kein Eis ins Glas geben, dafür aber gekühlte Gläser!

Ein paar Infos zu den Ales:

Stout
Dunkles, sehr malziges, leicht bitteres Bier. Stout wird geröstetes Barley zugesetzt (für Farbe und Geschmack).

Porter
Ist ein Stout mit weniger Alkohol. Hat ein starkes Kaffeearoma.

Bitter
Ist bekannt auch als Amber Ale, ist deutlich gewürzt mit Hopfen.

Brown Ale
Süß und dunkel in der Farbe

Cream Ale
Ein leichtes Ale

Scotch Ale
Dunkel und sehr gewürzt mit Malz, hergestellt in Schottland

Pale Ale
Leicht gefärbtes Ale mit verschiedenen Bittergeschmacksrichtungen

Meine Tipps und Tricks für Sie

- Die Drinks in dieser Lektion sind alle sehr würzig, deshalb kann man hier nur eine Scheibe Limette oder Zitrone als Garnitur hineinlegen.

- Britische Ale-, Pint- oder auch Stout-Gläser mit 0,4 Liter passen in diesem Falle am besten.

- Auch hier vorsichtig einschenken.

- Da es teilweise um heiße Getränke geht, sollten die Gläser hitzebeständig sein und natürlich ohne Eis serviert werden.

- Vorsicht diese Getränke haben es in sich!!

Internationale Cocktails

1931 Antrim Bier

3 cl Cognac
3 cl Portwein
2 cl Läuterzucker (Grenadine)
aufgefüllt mit dunklem Bier

Aberfoyle Bier

6 cl Wodka
3 cl Drambuie
aufgefüllt mit Ale

Adios Amigos Bier

6 cl Rum weiß
4 cl Wermut weiß
4 cl Cognac
4 cl Gin
4 cl Lemonjuice
4 cl Limejuice
aufgefüllt mit Stout

Affe im Winter

4 cl Amer Picon
0,2 ltr Pils

Alamagoozlum Bier

4 cl Rum braun 73%
4 cl Chartreuse
2 cl Triple Sec
1 Dash Angostura
4 cl Gin
aufgefüllt mit Bockbier

Ale Fire

3 cl Lemonjuice
1 Prise Ingwerpulver
1 cl Läuterzucker
1 Eigelb
3 cl Weinbrand
aufgefüllt mit Ale

Zitronensaft und 6 cl Ale, Ingwerpulver mit Zucker erhitzen. Eigelb und Weinbrand verrühren und in das Glas geben. Den Rest mit Ale auffüllen und gut verrühren.

Ale Flip (heiss)

0,2 l Ale Bier
1 Prise Muskatnuss
1 Tl Zucker
1 Eigelb

Dem Ei, Zucker und Muskat unter ständigem Rühren das erwärmte Ale hinzugeben und von einem Becher in einen anderen gießen, bis sich Schaum bildet. Dann servieren.

Ale Punsch

0,2 l Ale Bier
4 cl Cognac
2 cl Zitronensaft
1 Trinkhalm
1 Zitronenschalenspirale
1 Prise geriebene Muskatnuss
halben Becher mit Eis gefüllt

American Clipper Bier

4 cl Calvados
4 cl Absinthe
4 cl Limejuice
1 cl Grenadine
1 Dash Angostura
aufgefüllt mit dunklem U.S.A. Bier

Apple Blow Bier

6 cl Calvados
1 cl Lemonjuice
aufgefüllt mit Gingerbeer

Ale Sangaree

10 cl Ale Bier light
2 cl Läuterzucker
1 Prise geriebene Muskatnuss
1 Trinkhalm
mit gestoßenem Eis servieren

Apple Dubonnet

4 cl Calvados
3 cl Dubonnet
aufgefüllt mit Stout

Algonquin Bier

5 cl Whiskey
1 cl Wermut trocken
3 cl Ananassaft
aufgefüllt mit Stout

Arlésienne Bier

6 cl Kirschwasser
6 cl Maraschino
1/3 aufgefüllt mit Weißwein
1/3 aufgefüllt mit Sekt
1/3 aufgefüllt mit Bier

Amer George

4 cl Amer picon
1 Tl Grenadinesirup
aufgefüllt mit Ale

Astor Painless Anosthetic Bier

9 cl Gin
2 cl Wermut trocken
2 cl Wermut süß
3 cl Cognac
1 cl Orangensaft
1 cl Lemonjuice
aufgefüllt mit Bier

Internationale Cocktails

Astor Special Bier

4 cl Cognac
2 cl Maraschino
2 cl Absinthe
4 cl Lemonjuice
aufgefüllt mit Bier

Aunt Emily Bier

2 cl Calvados
2 cl Gin
2 cl Apricot Brandy
2 cl Orangensaft
2 cl Grenadine
aufgefüllt mit Bier

Bananen Jäger Bier

3 cl Jägermeister
3 cl Creme de Banana
3 cl Lemonjuice
4 cl Pfirsichsaft
1/2 aufgefüllt mit Tonic
1/2 aufgefüllt mit dunklem Bier

Barbados Bier

6 cl Rum 73 %
2 cl Limejuice
1 Dash Orange-Bitter
aufgefüllt mit dunklem Bier
1 Prise Muskatnuss obenauf

Barbary Bier

4 cl Rum weiß
4 cl Gin
4 cl Creme de Cacao weiß
aufgefüllt mit Bier

Barry's Bier

4 cl Gin
4 cl Wermut trocken
1 Dash Angostura
2 cl Creme de Menthe
aufgefüllt mit Bier

Bengal Bier

2 cl Limejuice
6 cl Cointreau
6 cl Rum
6 cl Ananassaft
6 cl Orangensaft
1/2 aufgefüllt mit Champagner o. Sekt
1/2 aufgefüllt mit Bier

Barbados Buck Bier 3B

4 cl Rum braun
4 cl Rum weiß
4 cl Limejuice
2 cl Grenadine
2 cl Ingwersirup
aufgefüllt mit Bier

Bimbo Punsch Bier

4 cl Weinbrand
4 cl Arrak
6 cl Lemonjuice
aufgefüllt mit Ale

Black Maria

0,4 l Stout
0,1 l Tia Maria
in ein Pint-Glas zuerst Tia Maria
und dann Stout eingießen!

Black Russian Stout

0,4 l Stout
0,1 l Wodka
in ein Pint-Glas zuerst Wodka und
dann Stout eingießen!

Black Strap Bier

6 cl Rum braun
4 cl Creme de Cassis
4 cl Ananassaft
1 Dash Angostura
aufgefüllt mit dunklem Bier

Black Velvet

1/2 Guinness
1/2 Champagner
in ein Pint-Glas zuerst
Champagner und dann
Guinness eingießen!

Black Velveteen

36 cl Guinness
12 cl Cidre

Blacksmith

1/4 l Stout
1/4 l Barley Wine
beide Biere zusammen in
Pint-Glas gießen!

Blow Out Bier

2 cl Jägermeister
2 cl Rum braun
2 cl Ananassaft
2 cl Lemonjuice
Glas auffüllen mit dunklem Bier

Boilermaker

1/4 l Brown Ale
1/4 l Mild Ale
beide Biere zusammen in ein
Pint-Glas gießen!

Breezer Bier

5 cl Wodka
6 cl Grapefruitjuice
6 cl Cranberryjuice
aufgefüllt mit Bier

Bridgegroom's Bier

4 cl Kirschlikör
1/2 aufgefüllt mit Rotwein
1/2 aufgefüllt mit Bier

Internationale Cocktails

Brulet Bier

4 cl Cognac
1 cl Cointreau
aufgefüllt mit dunklem Bier
(Vita Malz)
Zimt und Nelken

Bull Hunt Bier

4 cl Jägermeister
4 cl Tequila
aufgefüllt mit Bier

Bulleit Mississippi Bier

1 Zuckerwürfel mit
frischer Minze im Glas zerdrücken
4–5 cl Bulleit Bourbon dazu,
alles verrühren, Glas mit zerstos-
senem Eis auffüllen, Bier darüber,
bis das Glas voll ist.

Burra-Peg Bier

6 cl Cognac
2 cl Grenadine
1 Dash Angostura
4 cl Limejuice
1/2 aufgefüllt mit Sekt
(Champagner)
1/2 aufgefüllt mit dunklem Bier

Cajun Martini Bier

4 cl Spiced Gin mit Jalapeño
1 cl trockenen Wermut
aufgefüllt mit Bier

Calcutta Balloon Bier

4 cl Roggenwhiskey (Rye)
4 cl Wermut rot
2 Dash Orange Bitters
1/2 aufgefüllt mit Sekt
1/2 aufgefüllt mit Bier
1 Dash Pernod obenauf

California Dream Bier

6 cl Tequila
3 cl Wermut süß
1 cl Wermut trocken
4 cl Madeira
aufgefüllt mit Bier

California Lemonade

5 cl Whiskey
3 cl Lemonjuice
1 cl Maraschino
aufgefüllt mit Bier

Canadian Cocktail Bier

6 cl Canadian Whiskey
1 cl Cointreau
1 Dash Bitters
aufgefüllt mit Bier

Captain Ferguson Bier

4 cl Kümmellikör
4 cl Cognac
2 cl Grenadine
aufgefüllt mit Bier

Chicago Fizzbier

3 cl Rum
2 cl Portwein
2 cl Lemonjuice
aufgefüllt mit Pils

Chinese Exotic Bier

6 cl Reisschnaps
6 cl Maracujalikör
aufgefüllt mit Bier

Colorado Maduro Bier

4 cl Gin
4 cl Wermut weiß
4 cl Portwein
4 cl Anisette
1/2 aufgefüllt mit Champagner (Sekt)
1/2 aufgefüllt mit Bier

Commander Bier

6 cl Gin
2 cl Cognac
3 cl Triple Sec
1 Dash Orange Bitter
aufgefüllt mit Bier

Crazy Hunt

4 cl Wodka
4 cl Lemonjuice
4 cl Grapefruitsaft
aufgefüllt mit Bier

Creole Contentment Bier

4 cl Cognac
4 cl Madeira
4 cl Maraschino
1 Dash Orange Bitter
1/2 aufgefüllt mit Sekt
1/2 aufgefüllt mit dunklem Bier

Cuernavaca Special Bier

4 cl Tequila
4 cl Creme de Cacao
2 cl Grenadine
1 cl Creme de Menthe
aufgefüllt mit Bier

Dark and Stormy Bier

6 cl Rum dunkel 73 %
6 cl Limejuice
1/2 aufgefüllt mit Ginger Bier
1/2 aufgefüllt mit dunklem Bier
Lime squeeze Garnitur

Internationale Cocktails

Deanville

3 cl Weinbrand
2 cl Calvados
1 cl Cointreau
1 cl Lemonjuice
aufgefüllt mit Bier

Dog's Nose

0,4 l englisches Bitter Bier
0,1 l Gin

Depth Charge

5 cl Creme de Menthe
auffüllen mit Ale

Double Bier

4 cl Jägermeister
2 cl Wodka
2 cl Peach
4 cl Cranberry
aufgefüllt mit dunklem Bier

Derby Bier

1 cl Sherry trocken
1/2 aufgefüllt mit Champagner
1/2 aufgefüllt mit Pils

Dragon's Blood

0,4 l Stout
4 cl Rum
2 cl Grenadine

Desert Cooler 1

6 cl Gin
3 cl Cherry Brandy
1,5 cl Orangensaft
aufgefüllt mit Ingwerbier

Dubonnet Manhattan Bier

6 cl Bourbon Whiskey
2 cl Dubonnet
1 cl Maraschino
1 Dash Bitters
aufgefüllt mit dunklem Bier

Dodo Bier

4 cl Rum braun
4 cl Rum weiß
4 cl Rum 73 %
6 cl Maracuja
aufgefüllt mit dunklem Bier

East India Bier

6 cl Weinbrand
4 cl Ananassaft
4 cl Curacao
aufgefüllt mit Bier

El Morocco Bier

4 cl Cognac
4 cl Portwein
4 cl Ananassaft
1 cl Triple Sec
1 cl Grenadine
aufgefüllt mit dunklem Bier
1 cl Limejuice obenauf

English Pub

4 cl Gin
0,4 l Porter Bier

Exotic Cider Freeze Bier

2 cl Ingwersirup
2 cl Ahornsirup
2 cl Lemonjuice
1/2 aufgefüllt mit Cidre
1/2 aufgefüllt mit Bier

Exotic Ginger Bier

2 cl Ginger Sirup
1 cl Zimt Sirup
6 cl Rum
1 cl Orangensaft
aufgefüllt mit Bier
2 cl Kokosrum obenauf

Exotic Jäger Bier

4 cl Jägermeister
4 cl Kokosrum
2 cl Limejuice
aufgefüllt mit dunklem Bier

Exotic Punch Bier

2 cl Maraschino
2 cl Weinbrand
2 cl Blue Curacao
2 cl Chartreuse
2 cl Lemonjuice
aufgefüllt mit Bier

Exotic Shadygaft Bier

6 cl Maracuja
1/2 aufgefüllt mit Ginger Ale
1/2 aufgefüllt mit Bier

Exotic Snow White Bier

8 cl Southern Comfort
3 cl Wodka
3 cl Ananassaft
2 cl Orangensaft
aufgefüllt mit Bier

Exotic Storck Bier

2 cl Creme de Cacao
4 cl Wermuth
4 cl Maraschino
1 Dash Orange Bitters
aufgefüllt mit Bier

Internationale Cocktails

Exterminator Bier

8 cl Wodka
8 cl Sherry fino
aufgefüllt mit Ale

Faux Scrumpy Bier

6 cl Whiskey
1/2 aufgefüllt mit Apfelsaft
1/2 aufgefüllt mit Bier

Flaming Jager

4 cl Jägermeister
aufgefüllt mit Ale

Freddy Fudpucker Bier

6 cl Tequila
4 cl Orangensaft
2 cl Galliano
aufgefüllt mit Bier

Fright Leberry Murzenquest Bier

3 cl Wodka
1 cl Galliano
1 cl Cointreau
1 cl Limejuice
1 cl Maraschino
1 Dash Bitters
aufgefüllt mit Bier

Flying Fish Bier

4 cl Gin
1 Dash Peach Bitter
2 cl Triple Sec
2 cl Maraschino
aufgefüllt mit Bier

Forest Cooler Bier

4 cl Jägermeister
4 cl Limejuice
1/2 aufgefüllt mit Ginger
1/2 aufgefüllt mit Bier

Gin Creole Bier

4 cl Gin
2 Dash Tabasco
aufgefüllt mit Bier
Jalapegno Garnitur

Glowing Heart Bier

4 cl Gin
4 cl Absinthe
4 cl Apricot Brandy
4 cl Karamellikör
aufgefüllt mit Bier

Go West Bier

4 cl Rum weiß
2 cl Lemonjuice
4 cl Peachtree
aufgefüllt mit Bier

Godfather Bier

4 cl Scotch
2 cl Amaretto
aufgefüllt mit Ale

Gold Bier

6 cl Danziger Goldwasser
4 cl Lemonjuice
1/2 aufgefüllt mit Bitter Lemon
1/2 aufgefüllt mit Bier

Gorky Park

5 cl Wodka
1 cl Cherry Brandy
3 cl Lemonjuice
1 cl Maraschino
aufgefüllt mit Bier

Gossips Cup Bier

4 cl Cognac
4 cl Lemonjuice
4 cl Ingwersirup
2 cl Läuterzucker aus Zuckerrohr
1 Prise Muskat
aufgefüllt mit Ale

Granny

1/4 l Old Ale
1/4 l Mild Ale

Grant's Bierinha

6 cl Glen Grant
1 Tl Limette
1/2 Rohrzucker
Zubereitung wie Caipi
aufgefüllt mit Pils

Green Trompete Bier

4 cl Rum weiß
2 cl Lemonjuice
4 cl Green Creme de Menthe
aufgefüllt mit Pils

Haiti Exotic Bier

4 cl Malibu
4 cl Cognac
4 cl Maraschino
2 Dash Angostura
aufgefüllt mit Bier

Hallelujah Bier

4 cl Cognac
2 cl Lemonjuice
2 cl Wermut rot
4 cl Rum braun
2 cl Grenadine
aufgefüllt mit dunklem Bier

Internationale Cocktails

Harbor Light Bier

4 cl Rum weiß
4 cl Melonenlikör
2 cl Lemonjuice
aufgefüllt mit Bier

Irish Bombbier

2 cl Kahlua
2 cl Bailey's
2 cl Irish Whiskey
1/2 aufgefüllt mit Guinness
1/2 aufgefüllt mit dunklem Bockbier

Hirsch Bier

4 cl Jägermeister
0,2 ltr Cola
aufgefüllt mit dunklem Weißbier

Italian Hunter Bier

5 cl Jägermeister
5 cl Campari
aufgefüllt mit dunklem Bier

Hocus-Pocus Bier

6 cl Gin
6 cl Cointreau
6 cl Lemonjuice
1 Dash Maracujasirup
aufgefüllt mit Bier

Jägi Delux Bier

2 cl Jägermeister
2 cl Erdbeersirup
1/2 aufgefüllt mit Sekt
1/2 aufgefüllt mit Bier

Hoop Punch Bier

4 cl Cognac
4 cl Triple Sec
8 cl Portwein
2 cl Lemonjuice
aufgefüllt mit dunklem Bier

Jamaica Bier

4 cl Spiced Captain Morgan
4 cl Limejuice
1/2 aufgefüllt mit Ginger Ale
1/2 aufgefüllt mit Bier

Hot Chili Bier

4 cl Tequila
4 cl Lemonjuice
4 Dash Tabasco od. Chilipulver
aufgefüllt mit Bier

Jamaica Ginger Bier

4 cl Gin
4 cl Burgunder Wein
4 cl Orangensaft
4 cl Ingwersirup
aufgefüllt mit dunklem Bier

Jean Bière

1 cl Cognac
0,2 ltr kühles, helles Bier

Jumping Bean Bier

4 cl Tequila
2 cl Sambuca
3 Kaffeebohnen
aufgefüllt mit Bier

Kicking Ass Bier

4 cl Tequila
2 cl Lemonjuice
2 cl Limejuice
4 Dash Tabasco
aufgefüllt mit Bier

Kill Classik Bier

4 cl Rum weiß
4 cl Rum braun
4 cl Cognac
4 cl Lemonjuice
6 cl Peach Brandy
aufgefüllt mit Bier

La Belle Quebec Bier

5 cl Canadian Whiskey
2 cl Brandy
2 cl Cherry Brandy
2 cl Lemonjuice
aufgefüllt mit Bier

Lalla Rookh Bier

4 cl Cognac
4 cl Rum braun
4 cl Vanillesirup
aufgefüllt mit dunklem Bier

Lime Mist Bier

6 cl Rum weiß
4 cl Limejuice
4 cl Creme de Menthe
aufgefüllt mit Bier

Lovely Bermuda Bier

4 cl Ananassaft
4 cl Limejuice
2 cl Grenadine
4 cl Rum weiß
4 cl Rum braun
aufgefüllt mit Bier

Lys Bier

4 cl Gin
4 cl Amaretto
4 cl Absinthe
aufgefüllt mit Stout

Ma Wee Hen Bier

4 cl Scotch
1 cl Sherry trocken
1 cl Orangensaft
1 cl Lemonjuice
1 cl Grenadine
aufgefüllt mit Ale

Internationale Cocktails

Mangareva Bier

4 cl Triple Sec
2 cl Lemonjuice
2 cl Limejuice
4 cl Calvados
4 cl Malibu
aufgefüllt mit Bier

Manila Leap Frog Bier

6 cl Rum weiß
4 cl Apricot Brandy
1/2 aufgefüllt mit Sekt
1/2 aufgefüllt mit Bier

Million Dollar Bier

6 cl Gin
4 cl Wermut rot
4 cl Ananassaft
2 cl Grenadine
2 cl Lemonjuice
2 cl Limejuice
aufgefüllt mit Bier

Massacre Bier

6 cl Tequila
1 cl Campari
1/2 aufgefüllt mit Ginger Ale
1/2 aufgefüllt mit Bier

Mississippi Sour Bier

4 cl Bourbon Whiskey
2 cl Southern Comfort
4 cl Lemonjuice
4 cl Limejuice
aufgefüllt mit dunklem U.S.Bier

Mexicana Bier

6 cl Tequila
2 cl Lemonjuice
3 cl Ananassaft
1 cl Grenadine
aufgefüllt mit Bier

Misunderstood Bier

6 cl Absinthe
2 cl Grenadine
1 Dash Angostura
1 Dash Orange Bitter
2 cl Limejuice
aufgefüllt mit Bier

Miami-Nassan Bier

4 cl Sloe Gin (Persico)
4 cl Limejuice
1/2 aufgefüllt mit Cola
1/2 aufgefüllt mit dunklem Bier

Monk Antrim's Marila Bier

2 cl Creme de Menthe
4 cl Ananassaft
6 cl Bourbon Whiskey
2 cl Cherry Brandy
2 cl Rum braun
aufgefüllt mit dunklem Bier

MOSCOW MULE BIER

4 cl Wodka
2 cl Limejuice
1/2 aufgefüllt mit Ginger Ale
1/2 aufgefüllt mit Bier

PARADISO BIER

6 cl Gin
2 cl Apricot Brandy
2 cl Orangensaft
aufgefüllt mit Bier

NAPOLEON EXOTIC BIER

6 cl Gin
2 cl Dubonnet
4 cl Blue Curacao
1 cl Fernet Branca
2 cl Lemonjuice
aufgefüllt mit Bier

PARROT BAY BIER

4 cl Rum 73%
2 cl Chambordlikör
2 cl Midori
aufgefüllt mit Bier

NOBLE DOPLE BIER

6 cl Rum weiß
4 cl Limejuice
aufgefüllt mit Bier
1 Dash Grenadine obenauf

PASSOA BIER

6 cl Passoa
aufgefüllt mit Bier

OPAL BIER

6 cl Absinthe
4 cl Chartreuse
aufgefüllt mit Bier

PASSOA LONG BIER

6 cl Passoa
1/2 aufgefüllt mit Orangensaft
1/2 aufgefüllt mit Bier

PANAMA BIER

4 cl Gin
2 cl Limejuice
3 Dash Orange Bitter
4 cl Sloe Gin (Persico)
4 cl Absinthe
2 cl Wermut weiß
2 cl Grenadine
aufgefüllt mit Bier

PEARL HARBOR BIER

4 cl Wodka
2 cl Melonenlikör
2 cl Ananassaft
aufgefüllt mit Pils

Internationale Cocktails

Pineapple Surprise Bier

4 cl Rum dunkel
4 cl Rum 73 %
2 cl Southern Comfort
2 cl Triple Sec
6 cl Ananassaft
aufgefüllt mit dunklem Bier

Pinky Goody Bier

3 cl Gin
3 cl Rum weiß
3 cl Limejuice
4 cl Maraschino
1 cl Grenadine
aufgefüllt mit Bier

Poco Coco Loco Bier

4 cl Rum weiß
4 cl Rum 73 %
2 cl Benedictine
4 cl Limejuice
4 cl Malibu
aufgefüllt mit Bier

Poor Man's Black Velvet

2/4 Whiskey
1/4 l Stout
1/4 l Cidre
zuerst den Whiskey, dann den Cidre, dann das Stout vorsichtig in ein Pint-Glas gießen

Queen Charlotte Bier

4 cl Creme de Cassis
1 cl Creme de Menthe
1/2 aufgefüllt mit Rotwein
1/2 aufgefüllt mit dunklem Bier

Rangoon Bier

4 cl Cognac
4 cl Cherry Brandy
4 cl Wermut rot
2 cl Lemonjuice
2 Dash Orange Bitter
aufgefüllt mit Bier
Maraschino obenauf

San Francisco Bier

5 cl Bourbon Whiskey
2 cl Benedictine
3 cl Lemonjuice
aufgefüllt mit Bier

Schnorkel Bier

6 cl Rum braun
2 cl Pernod
4 cl Limejuice
aufgefüllt mit Bier
1 Dash Grenadine obenauf

Schrotflinten Bier

2 cl Jägermeister
2 cl Sambuca
2 cl Wodka
aufgefüllt mit Bier

Scottie's Beam Bier

8 cl Tequila
2 cl Galliano
aufgefüllt mit Bier

Shandy Gaff

12 cl Ale Bier
aufgefüllt mit Ginger Ale
sehr kalt servieren!

Shendy

1/2 l Ale Bier
1/2 l Zitronenlimonade

Skip and go naked

4 cl Gin
4 cl Lime Juice
4 cl Lemon Juice
aufgefüllt mit Weißbier
Limette als Garnitur

South of the boarder Bier

4 cl Limejuice
4 cl Tequila
2 cl Tia Maria
aufgefüllt mit Bier

Spanisch Exotic Bier

4 cl 43 Likör
4 cl Brandy
1/2 aufgefüllt mit 7-Up
1/2 aufgefüllt mit Bier
1 cl Grenadine obenauf

St. Patricks Day Bier

3 cl Irish Whiskey
2 cl Blue Curacao
aufgefüllt mit Bier

St. Petersburg Bier

6 cl Wodka
2 Dash Orange-Bitter
aufgefüllt mit Bier

Stout Sangaree Light

6 cl Soda
2 cl Läuterzucker
1 Prise geriebene Muskatnuss
1 Trinkhalm
aufgefüllt mit Stout Bier

Stout Sangaree Heavy

2 Tl Puderzucker
2 cl Wasser
36 cl Stout
3 cl Portwein
1 Prise Muskat
1 Prise Zimt

Internationale Cocktails

Studio Bier

3 cl Scotch Whisky
3 cl Amaretto
2 cl Cherry Brandy
2 cl Zitronensaft
2 cl Limejuice
aufgefüllt mit Ale

The Harvey Door Slammer

4 cl Wodka
4 cl Orangensaft
4 cl Galliano
aufgefüllt mit Pils

Sunny Bier

4 cl Rum weiss
6 cl Orangensaft
2 cl Maracuja
1/2 aufgefüllt mit Tonic
1/2 aufgefüllt mit Bier

Tia Maria Amigo Bier

4 cl Tia Maria
6 cl Wodka
4 cl Tequila
aufgefüllt mit dunklem Bier

Sunny Side Up

4 cl Weißer Rum
0,2 ltr Bananensaft
aufgefüllt mit Weißbier

Tropical Storm Bier

4 cl Rum dunkel
4 cl Creme de Banana
4 cl Blue Curacao
4 cl Malibu
1/2 aufgefüllt mit Ananassaft
1/2 aufgefüllt mit Bier

T.N.T. Bier

5 cl Bourbon Whiskey
3 cl Anisette
aufgefüllt mit Bier

Türkisch Bier

6 cl Raki
aufgefüllt mit Pils

Tawarisch

Saft einer 1/2 Zitrone
4 cl Wodka
0,3 ltr Starkbier

Velvet Pussy

1/4 l Stout
1/4 l Portwein
zuerst Portwein in ein Pint-Glas,
dann das Stout eingießen

West India Bier

4 cl Rum
2 cl Curacao
1 Dash Tabasco
aufgefüllt mit Bier
1 Prise Curry obenauf

West-Indies Bier

6 cl Rum weiß
6 cl Rum braun
6 cl Malibu
1 cl Creme de Menthe
aufgefüllt mit Bier
1 Dash Ingwersirup

Wodka Bier

2 cl Wodka Kurant
3–4 schwarze Johannisbeeren
1/2 aufgefüllt mit Sekt
1/2 aufgefüllt mit Bier

Yale Bier

6 cl Gin
1 cl Wermut trocken
1 cl Blue Curacao
1 Dash Bitters
aufgefüllt mit Bier

Zampano Bier

3 cl Rum weiß
3 cl Rum braun
2 cl Rum 73 %
1 cl Cherry Brandy
1 cl Apricot Brandy
2 cl Papaya Sirup
2 cl Limejuice
aufgefüllt mit dunklem Bier

Kombination Drinks

Meine Tipps und Tricks für Sie

- Achtung, bei diesen Rezepturen werden Zutaten unterschiedlicher Konsistenz verwendet, das heißt, sie verbinden sich nur durch Erhitzen (Ei, Milch oder Sahne). Dabei ist der Wärmegrad sehr wichtig: einmal wird gekocht, das andere Mal nur erhitzt!

- Bei der Zubereitung immer auf die Kohlensäure achten. Deshalb nicht zuviel rühren oder gar mixen.

- Nehmen Sie immer größere Gläser als es die Rezeptur verlangt.

- Bei der Verwendung von Zitronenschalen, die Zitronen vorher mit warmem Wasser waschen!

- Nicht vergessen: Die ätherischen Öle sitzen nur in der Außenhaut bei Zitrusfrüchten! In der weißen Innenhaut sitzen Bitterstoffe!!

- Um die Salmonellengefahr auszuschalten, kann man statt Ei auch Eierlikör verwenden. Vorsicht aber, denn der Alkoholgehalt erhöht sich dadurch!

Kombination Drinks

Ale Flip

6 cl Ale, englisches Bier
1 Eigelb oder 4 cl Eierlikör
2 cl Läuterzucker
(mit Eigelb verrühren)
etwas ger. Muskatnuss

Ananas-Pilsbowle

1 ltr Kristallweizen
6 El Ananasstücke
4 cl Läuterzucker od. Ananassirup
4 cl Weinbrand od. Gin
0,2 ltr Sekt oder Mineralwasser

Bettzipfel

1 Eigelb
1 Tl Zucker
1/4 l heiße Milch
1/4 l Bier
Eigelb mit Zucker verrühren, zuerst das Bier und dann die Milch unterrühren.
Heiß servieren!

Berliner Pilsbowle

(für 4–6 Personen)

1,5 ltr Pilsner Bier
0.7 ltr Rotwein
6 cl Weinbrand
6 cl Zucker- oder Fruchtsirup
1 Fl. Sekt oder Champagner

Berliner Bierpunsch

1 El Bienenhonig
2 cl Orangensaft
4 cl Apricot Brandy
8 cl erhitztes Pils
1 Zitronenscheibe

Bier Grog Dunkel

1,5 l Dunkel oder dunkles Export
3 El Zucker
20 g geriebene Zitronenschale
Das Bier mit Zucker erhitzen, geriebene Zitronenschale unterrühren, nicht kochen! Gläser mit dem Rand in den Topf eintauchen, dann in Zucker. Erhitztes Bier in Gläser einfüllen.

Berliner Bowle

(2–4 Personen)

1 ltr Berliner Weiße (Weißbier)
1 Fl. Sekt
3 cl Zitronensaft
5 cl Läuterzucker
Zitronenspirale

Bier Grog Hell

0,3 ltr helles Exportbier
1 El Läuterzucker, je nach Geschmack
dann erhitzen

Bier Grog dunkel Heiss

1,25 ltr dunkles Bier
2 El Zucker
1 Zitrone (Spirale)

Bier mit Joghurt

1/2 Glas Starkbier 0,5
1/2 Glas Joghurt
- im Mixer sehr gut mischen -
1 Dash Zitronensaft
Gut gekühlt mit Zitronenscheibe garniert servieren!

Bierkaltschale

0,5 l Landbier
0,5 l Milch
1 Tl Zucker
1/2 Zitrone (geriebene Schale)
1 Zimtstange
2 Nelken
1 El (gestrichen) Speisestärke
1 El süße Sahne
1 Eigelb
1 cl Weinbrand
Bier, Milch Zucker, Zitronenschale, Zimtstange und Nelken aufkochen lassen, mit Speisestärke vermischen. Sahne und Eigelb vermischen und in die Suppe rühren. Mit Weinbrand verfeinern. Zimt und Nelken herausnehmen und gut gekühlt servieren.

Bierbowle Hawaii

1 Ananas
1 l Vollbier hell
2 cl Obstwasser
1 Tl Zucker
1 Fl. Piccolo Sekt
Ananas in Stücke schneiden. Mit Bier, Obstwasser und Piccolo aufgießen und mit Zucker abschmecken.

Bier Punsch I

20 dl helles Exportbier
4 El Läuterzucker
3 Eier
1 Prise geriebene Muskatnuss
Bier erhitzen, Läuterzucker und aufgeschlagene und bereits gerührte Eier hinzufügen, nicht kochen! Im Longdrinkglas mit Prise Muskatnuss obenauf servieren.

Bier Punsch II

1 Eidotter
2 El Zuckersirup
4 cl Rum dunkel
- mit Schneebesen verrühren -
15 cl erhitztes Pils
Zimtpulver
Zitronenscheibe

Kombination Drinks

Bier-Punsch III
(Heiß) (8–10 Pers.)

2 ltr. erhitztes helles Bier
4 El Läuterzucker
3 Eier aufschlagen
etwas ger. Muskatnuss

Bier-Punsch IV
(Heiß)

1 ltr erhitztes helles Bier
2–3 El Zucker
1 Stk Zitronenspirale

Eier-Bier-Punsch V
(Heiß)

3 Eiweiß, zu Schnee schlagen
4 El Puderzucker zum Eischnee
3 Eigelb unter den Eischnee
1 ltr helles Bier
1/2 geriebene Zitrone zum Bier
mit Muskat bestäuben
nach dem Erhitzen des Bieres
die Eimasse hinzugeben

Fegefeuer

Ein Trunk, der selbst starke Männer umwirft!

2 Glas Starkbier 0,5
1 Glas Rum 0,2
1 Prise Pfeffer
1 Prise Salz
1 Scheibe Zitrone
1 Prise feingemahlenen Kaffee

Für Damen:
- statt Pfeffer und Salz -
1/8 l geschlagene Sahne
4 El Himbeer- oder Kirschsaft

Flüssiges Essen

1 l Bier
5 Gewürznelken
1 Eigelb
2 Päckchen Vanillezucker
5 El Sahne
3 Prise Salz
2 Prisen Weizenmehl
1 Zimtstange
2 El Honig
Bier, Nelken, Zimt und Vanillezucker aufkochen, die anderen Zutaten mit etwas Bier gut verrühren, danach diesen Teig in das durchgesiebte, warme Bier einrühren.
Im Keramikbecher servieren!

Free Land Bier

4 cl Bourbon
2 cl Chambord
1 cl Curacao
aufgefüllt mit Bier

Godiva Cappucino Bier

4 cl Amaretto
0,1 l dunkles Bier
0,1 l Kaffee
Sahnehaube

Honigbier

1/2 l Lager oder Export
2 El Honig
50 g Hafermehl
100 ml Whiskey
Das Bier mit dem Honig erhitzen, nicht kochen! Das mit etwas Bier angerührte Hafermehl unterrühren. In einen Krug gießen und kalt stellen.
Kurz vor dem Servieren den Whiskey unterrühren.

Hefeweissbier Bowle

3–4 Zitronen (Saft)
1 El Zucker
1 Prise Zimt
1 Fl. Sekt
2 l Weißbier
Zucker im Zitronensaft auflösen, Bier und Sekt hinzugießen. Nachdem der Schaum sich gesetzt hat, vorsichtig umrühren und mit Zimt abschmecken.

Irish Coffee Bier

4 cl Irish Whiskey
aufgefüllt mit Vita Malz oder dunklem Bier
2 Tl Zucker

Joghurtbier

im Mixer:
1 ltr helles Bier
60 g Joghurt
70 g Zucker
1 Zitrone (halb Saft, halb Ringe/Garn.)
1 El Preiselbeerkonfitüre

Kombination Drinks

Joghurtbier II

1 Joghurt
0,5 l hellen Bock
1 El Zucker
1 Zitrone (Saft)
Alle Zutaten mixen und mit Zitronensaft abschmecken.

Kalter Bierpunsch

1 l helles Bier
1 Zimtstange
1 Stückchen Zitronenschale
einige Nelken
125 g Zucker
6 cl Rum
Helles mit Stückchen Zimt, Zitronenschale und Nelken zum Kochen bringen, Zucker dazu und alles kurz durchziehen lassen. Das Getränk durchseihen, mit Rum mischen und gut kühlen.
Jedes gefüllte Glas mit einer Scheibe Zitrone garnieren.

Mulled Ale

15 cl Ale Bier
2 Gewürznelken
1 El Sahne
1 Ei
2 cm Zimtstange
1 Prise geriebene Muskatnuss
Sahne und Ei schlagen, restliche Zutaten in einem Gefäß auf Siedepunkt erhitzen und ins Glas unterrühren.
In großem Tumbler servieren!

Mulled Ale (heiss)

15 cl Ale Bier heiß
1 Stk Zimtstange
3 Stk Gewürznelken
1 El Sahne
1 Ei
Sahne und Ei aufschlagen, etwas geriebene Muskatnuss dazu.

Original Berliner Bierbowle (für 4 Pers.)

4 Fl. Berliner Weiße (0,33l)
16 cl Kümmel-Likör
1/2 Zitrone im Glas zerdrücken
1 Zitrone (Spirale)
1 Fl. Sekt

Ostpreussische Bierkaltschale

1 Scheibe geröstetes Schwarzbrot
0,5 l Bier hell
1 Tl Läuterzucker
1 Tl süßen Rahm
Das geröstete und geriebene Schwarzbrot mit Zucker in ein Glas geben und mit Bier auffüllen.
Dann den süßen Rahm unterziehen.

Ostpreussischer Maitrank

1 l Rotwein
1 l dunkler Bock
10 cl Arrak
3–5 El Zucker
In einer Bowlenschüssel Rotwein mit dem Zucker verrühren, gut gekühlten Sekt hinzugeben, ebenfalls gut gekühltes Bockbier dazu, mit dem Arrak abschmekken und leicht umrühren.
Gut gekühlt servieren!

Raffles Bar Gin Sling 1

2 cl Benedictine
3 cl Cherry Brandy
1 Dash Angostura-Bitter
6 cl Gin
1/2 Limette (Saft)
aufgefüllt mit Ingwerbier
Minzezweig (Garnitur)

Pelzbowle

8 cl Porter Bier
aufgefüllt mit Sekt
im Sektkelch serviert!

Rüscherl Bier

2 cl Weinbrand
2 cl Cola
im Shot Glas
Kleines Bier 0,2 ltr zum Nachschwenken

Pommersches Eierbier

1 l helles Bier
3 Eigelb
1/2 Zitrone (Saft)
1 Prise Zimt
1 Prise Ingwer
1 Tl zerlassene Butter
1 El (gestrichener) Stärkemehl
Man erhitzt das Helle bis zum Kochen. Eigelb mit dem Saft der Zitrone, Zimt und Ingwer, zerlassene Butter und Stärke gut vermischen, in die heiße Flüssigkeit geben und gut durchrühren. Nach Geschmack zuckern und das sämige Getränk kochend heiß zu Tisch bringen.

Kombination Drinks

Sächsisches Warmbier

1/2 l helles Bier
1 Zimtstange
1/2 Zitrone
(dünn abgenommene Schale)
Zucker (nach Geschmack)
1 l Milch
1 El Stärke
1 Prise Salz
1 Eigelb
Helles erhitzen, Zimtstange und Zitronenschale sowie Zucker beigeben. Auf zweiter Flamme Milch kochen, Stärkemehl (mit einigen Esslöffeln kalter Milch und Salz) und gut verquirltes Eigelb einrühren. Dann das sehr heiße Bier unter Rühren langsam in die Milch einlaufen lassen. Das Getränk darf nun nicht mehr kochen. Zuckern nach Geschmack und eventuell Ingwer beifügen.

Versüsstes Fegefeuer

0,5 l Starkbier
1/8 l Weinbrand
1/8 l Schlagsahne
1 El Brombeersaft
Nescafé
Zitronenscheiben
Bier mit Weinbrand vermengen, Schlagsahne und Brombeersaft unterziehen, in Gläser füllen und mit Nescafé bestreuen und mit Zitronenscheiben garnieren. Eiskalt servieren!

Warmbier I

1 Eigelb
2 Tl Zucker
1 Prise Salz
1/4 l helles Bier
Bier erhitzen, in einem Punschglas Eigelb mit Zucker und Salz verrühren und das heiße Bier unter ständigem Rühren langsam hinzugießen.

Warmbier II

10 dl heißes Schankbier
4 El Zucker
4 Eidotter
1 Prise Muskatnuss
Eigelb und Zucker verrühren, mit heißem Bier auffüllen und mit einer Prise Muskatnuss garnieren. Im Punschglas servieren.

Warmbier mit Rum

1/2 l Bier
3 Eigelb
2 cl Rum
2 cl Wacholderschnaps
1 Prise Ingwer oder Zimt
Zucker (nach Geschmack)
Bier zum Kochen erhitzen.
3 Eigelb, Rum, Wacholderschnaps, Ingwer (od. Zimt) und Zucker gut verquirlen und in das heiße Bier rühren.

Warmbier mit Wein

1 l Starkbier
3/4 l Weißwein
2 El Rum
1/2 Vanilleschote
3 Eigelb
125 g Zucker
Starkbier, Wein und Rum in ein Gefäß geben, Vanille, Eigelb und Zucker dazugeben. Getränk über Wasserdampf (Topf mit kochendem Wasser) dickschaumig rühren und auf keinen Fall kochen lassen. Sehr heiß anrichten.

Wassail

30 dl helles Export Bier
25 cl Sherry fino trocken
1 Tl Muskatnusspulver
1 Tl Ingwerwurzelpulver
125 g feinen Zucker
5 dl Bier mit allen Zutaten verrühren und 2 Stunden ziehen lassen, restliches Bier hinzurühren. In einem Bowlenglas servieren.

Wassail Bowl

2,5 dl Sherry Olorose
25 dl helles Export Bier
1 Muskatnuss (ganz)
6 gedämpfte Äpfel
250 g feinen Zucker
1 Zitronenscheibe
Sherry und 5 dl Bier nur erhitzen, restliche Zutaten unterrühren, restliches Bier hinzufügen und 3 Stunden ziehen lassen.

Weissbier Bowle

7 dl Sekt
25 dl Weißbier
4 cl Läuterzucker
1 Dose Ananas mit Saft
Alle Zutaten mischen und 1/2 Stunde ziehen lassen.

Weissbier Punsch

2 l Weißbier
250 g Pumpernickel
50 g Zucker
50 g geriebene Schokolade
1 Eigelb
Weißbier, Pumpernickel, Zucker und geriebene Schokolade gut verrühren und eine Weile weichen lassen. Bier zum Kochen erhitzen, durchsieben und in den heißen Punsch ein mit etwas Bier verrührtes Eigelb einquirlen. Noch einmal bis zum Kochen bringen.

Kombination Drinks

Weizenbier Bowle

1 l helles Weißbier
0,25 l Weißwein trocken
1 Fl. Sekt
1 in kleine Stücke
geschnittene Ananas
8 El Limettensirup
Minzeblätter
Ananasstücke mit Wein und Sirup
eine 1/2 Stunde ziehen lassen
und kühl servieren.

Kristallweizenbier Bowle

1 ltr Kristallweizenbier
1 ltr trockener Sekt
2 Zitronen
(unbehandelt in Scheiben)

Herztropfen

0,5 l Doppelbock
1/8 l Weinbrand
1/8 l süße Sahne
(leicht geschlagen)
1 El Himbeersaft
1Prise Instantkaffee
etwas Zucker
1 Zitronenscheibe für jedes Glas
Bockbier und Weinbrand vermengen, leicht geschlagene Sahne und Himbeersaft unterziehen, in Gläser füllen und jeweils mit etwas Kaffee und Zucker bestreuen und mit Zitronenscheibe garnieren.
Bitte eiskalt servieren!

NOTIZEN FÜR EIGENE REZEPTE:

Longdrinks

Meine Tipps und Tricks für Sie

- Immer ein größeres Longdrinkglas nehmen, mindestens aber für 0,3 Liter (Collins-, Highball-, Longdrinkgläser)

- Das Glas soll mindestens halb voll mit Eiswürfeln sein! (kein Crushed Ice!)

- Beim Auffüllen immer darauf achten, dass so wenig wie möglich von der Kohlensäure verloren geht. Also beim Einschenken das Glas schräg halten.

- Im Winter empfiehlt es sich, ein normales Helles zu verwenden und im Sommer ein helles, noch erfrischenderes Weißbier, mit oder ohne Hefe.

- Lemonjuice ist immer ein abgesüßter Zitronensaft. Wobei der Selbstgemachte am besten schmeckt. Hier die Zubereitung eines Lemonjuice : 1kg Rohrzucker (der Zucker in Deutschland ist Rübenzucker!) mit 1 Liter Wasser aufkochen, verrühren und abkühlen lassen. Zitronen auspressen und mit dem Läuterzucker abschmecken. Dabei gibt es keine Formel, weil die Zitronen unterschiedliche Säuregrade haben. Man muss also abschmecken!

- Ginger Bier kann jeder selbst zubereiten. 1 Esslöffel frisch pürierter Ingwer wird mit einer Prise feinem Pfeffer dem Bier vorsichtig untergemischt.

- Auch Ginger Ale schmeckt am besten, wenn man es selbst macht. Dazu frische Ingwerwurzel schälen und anschließend pürieren, Zucker, Pfeffer, Limetten hinzufügen und mit Sodawasser oder Zitronenlimonade ergänzen.

- Vorsicht beim Trinken mit dem Strohhalm, denn der Alkohol wirkt doppelt so schnell!

- Eine dünne Scheibe einer Salatgurke vermindert die Süße des Drinks. Was übrigens besonders gut bei Cocktails mit Southern Comfort schmeckt.

- Sind 2 Filler verlangt – immer gleichzeitig auffüllen !

- Noch eine Anmerkung: Wenn ich mal einen Spirituosenhersteller nenne, dann nicht weil ich gesponsert werde, sondern weil der Geschmack eben dieser speziellen Marke am besten mit den anderen Spirituosen harmoniert!

Longdrinks

Absolut Rosa

4 cl Wodka
2 cl Campari
aufgefüllt mit Weißbier

Amaro Bier

1/3 Sekt
1/3 Orangensaft
1/3 Bier (Pils)

Absolut Sex

4 cl Absolut Kurant
2 cl Melonenlikör
1/2 aufgefüllt mit Zitronenlimonade
1/2 aufgefüllt mit Weißbier

Americano Bier

4 cl Campari
4 cl Wermut
aufgefüllt mit Bier

Admiral Bier

2 cl Lemonjuice
4 cl Whiskey
1/2 aufgefüllt mit Wein
1/2 aufgefüllt mit Bier

APC Bier

4 cl Aprikosenlikör
4 cl Maracujasaft
aufgefüllt mit Bier

Ale Sangarre

2 cl Läuterzucker
aufgefüllt mit Ale
1 Prise Muskatnuss

Apple Bier

4 cl Absolut Kurant
1/2 aufgefüllt mit Apfelsaft
1/2 aufgefüllt mit Bier

Amer Bier

4 cl Amer Picon
1 cl Lemonjuice
0,3 ltr eiskaltes dunkles Bier

Atomic Bier

4 cl Amaretto
10 cl Ananassaft
4 cl Erdbeersirup
1/2 aufgefüllt mit Apfelsaft
1/2 aufgefüllt mit Bier

BAKERSFIELD SPECIAL BIER

6 cl Aprikosennektar
8 cl Lemonjuice
aufgefüllt mit Bier

BEACHCOMBER BIER

8 cl Guavennektar
4 cl Himbeergeist
4 cl Limejuice
aufgefüllt mit Bier

BALSAMICO BIER

1 cl Balsamico Essig
aufgefüllt mit Bier

BEAMISH BEER DELUXE

1/2 Beamish Beer
1/2 Champagner

BANANARAMA

8 cl Bananenlikör
4 cl Kokosrum
aufgefüllt mit Bier

BEER BUSTER BENZIN

8 cl Wodka
auffüllen mit Ale

BAY BIER

2 cl Ingwersirup
1/2 aufgefüllt mit Zitronenlimonade
1/2 aufgefüllt mit Bier

BELLINO BIER

6 cl Pfirsichnektar
4 cl Lemonjuice
1 cl Creme de Menthe
1/2 aufgefüllt mit Apfelsaft
1/2 aufgefüllt mit Bier

BAYERISCHER LONGDRINK

2 cl Obstler
1 cl Zitronensaft
aufgefüllt mit hellem Bier

BEVERLEY HILLS BIER

4 cl Creme de Cassis
2 cl Ouzo
1 cl Creme de Menthe
aufgefüllt mit Bier

Longdrinks

Bier Bullshot

2 cl Wodka
1/2 aufgefüllt mit Rinderbrühe
1/2 aufgefüllt mit Bier
mit Salz, Pfeffer und Tabasco abschmecken

Bier Carlo

2 cl Wodka
2 cl Creme de Cassis
aufgefüllt mit Pils und zerstoßenem Eis

Bite of Bier

4 cl Amaretto
4 cl Limejuice
1/2 aufgefüllt mit Cidre
1/2 aufgefüllt mit Bier

Black & TAN Bier

1/3 Ginger Ale
1/3 Ginger Bier
1/3 Bier (Pils)

Blueberry Tant Bier

4 cl Creme de Cassis
2 cl Cranberryjuice
1/2 aufgefüllt mit Ginger Ale
1/2 aufgefüllt mit Bier

Boardwalk Bier

4 cl Lemonjuice
4 cl Peach
1/2 aufgefüllt mit Tonic
1/2 aufgefüllt mit Bier

Bodega Bay Bier

10 cl Grapefruitsaft
8 cl Cranberryjuice
aufgefüllt mit Bier

Border Patrol Bier

12 cl Mangosaft
6 cl Orangensaft
aufgefüllt mit Bier

Bramble Bier

2 cl Ahornsirup
2 cl Lemonjuice
1/2 aufgefüllt mit Apfelsaft
1/2 aufgefüllt mit Bier

Brown Pelikan Bier

1/2 Apfelsaft
1/2 Ginger Bier

BROWN RASPBERRY ALE

4 cl Himbeerlikör
aufgefüllt mit hellem Ale

CASCADE BIER

4 cl Lemonjuice
1/2 aufgefüllt mit Ginger Ale
1/2 aufgefüllt mit Bier

BOURBON BIER

4 cl Bourbon Whiskey
2 cl Zitronensaft
2 cl Limejuice
2 cl Triple Sec
aufgefüllt mit Bier
und viel Eis!

BURGUNDER BIER

4 cl Cordial Medoc
1/2 aufgefüllt mit Burgunderwein
1/2 aufgefüllt mit Bier

CAPTAIN COOKS BIER

4 cl Limejuice
4 cl Orangensaft
2 cl Grenadine
aufgefüllt mit Bier

CAPTAINS DRINK BIER

4 cl Captain Morgan Spiced Gold
1 cl Zitronensaft
2 cl Triple Sec
aufgefüllt mit Bier

CHAPALA BIER

4 cl Tequila
2 cl Orangensaft
2 cl Grenadine
aufgefüllt mit Bier
1 Prise Cayennepfeffer
1 Prise Salz

CHERRY BIER

6 cl Persico
aufgefüllt mit Bier (Weißbier)

CHERRY MOON BIER

4 cl Persico (Cherry Brandy)
1/2 aufgefüllt mit Apfelsaftschorle
1/2 aufgefüllt mit Bier

CHERY ZEST BIER

4 cl Persico
4 cl Limejuice
aufgefüllt mit Bier

Longdrinks

Chill Out Bier

8 cl Ananassaft
4 cl Limejuice
2 cl Creme de Banana
aufgefüllt mit Bier

Color Bier

4 cl Rum dunkel
1/2 aufgefüllt mit Cola
1/2 aufgefüllt mit dunklem Bier

Comstock Concoctin Bier

8 cl Grapefruitsaft
3–5 Dash Worcester
aufgefüllt mit Bier

Cool Breeze Bier

8 cl Grapefruitsaft
4 cl Limejuice
2 cl Creme de Menthe
aufgefüllt mit Bier

Cranberry Cooler Bier

8 cl Cranberrysaft
2 cl Lemonjuice
1/2 aufgefüllt mit Apfelsaft
1/2 aufgefüllt mit Bier

Dark Velvet

1/8 ltr (englisches) dunkles Bier
1/8 ltr trockenen Sekt

Day Dream Bier

1/3 Maracujasaft
1/3 Orangensaft
1/3 Bier

Day for Night Bier

4 cl Maracujasaft
2 cl Creme de Menthe
2 cl Limejuice
1/2 aufgefüllt mit Ginger Ale
1/2 aufgefüllt mit Bier

Death Valley Cooler Bier

4 cl Creme de Menthe
1/2 aufgefüllt mit Sekt
1/2 aufgefüllt mit Bier

Depth Charge

1 Schnapsglas mit
4 cl Pfefferminzschnaps
in Bierglas legen
0,5 l Bier

DIESEL

1/4 ltr Cola
1/4 ltr Pils

DIPLOMAT

1/8 ltr dunkles Bock-Bier
1/8 ltr Sekt

DUBONNET BIER

4 cl Dubonnet
2 cl Lemonjuice
aufgefüllt mit Bier

DURKEE BIER

1 Dash Triple Sec
4 cl Rum
2 cl Lemonjuice
aufgefüllt mit dunklem Bier

ELDORADO SURPRISE BIER

4 cl Chartreuse
aufgefüllt mit Bier (Pils)

EXOTIC ALE

4 cl Maracujalikör
aufgefüllt mit Ale

EXOTIC VELVET

1/2 Glas Ananassaft
1/2 Glas Bier

FIFTH AVENUE BIER

4 cl Apricot Brandy
2 cl Creme de Cacao
aufgefüllt mit Bier (Pils)

FRENCH CASSIS BIER

4 cl Cassis
2 cl Wermut
aufgefüllt mit Bier

GINGER POSSET BIER

2 cl Ingwersirup
1 Eigelb
4 cl Läuterzucker
- shaken -
1/2 aufgefüllt mit Ale
1/2 aufgefüllt mit Milch

Longdrinks

Gondola Bier

4 cl Rum
3 cl Wermut
1 cl Amaretto
aufgefüllt mit Bier

Himbeer Ginger Ale

4 cl Himbeerschnaps
2 cl Ingwersirup
1/2 aufgefüllt mit Ginger Ale
1/2 aufgefüllt mit Bier

Got Bier

4 cl Gin
4 cl Orangensaft
1/2 aufgefüllt mit Tonic Water
1/2 aufgefüllt mit Bier

Holunder Bier

4 cl Holunderlikör (-schnaps)
aufgefüllt mit Bier

Grape Bier

8 cl Roter Traubensaft
4 cl Erdbeerlikör
2 cl Lemonjuice
aufgefüllt mit Bier

Ingwer Bier

10 g zerstoßenen Ingwer mit Zucker (Ingwersirup)
1 Prise Pfeffer
aufgefüllt mit Bier

Great Choice Bier

4 cl Lemonjuice
1/2 aufgefüllt mit Sekt
1/2 aufgefüllt mit Bier

Irish Brown Bier

4 cl Irish Cream Sirup
aufgefüllt mit Ale

Heels Bier

4 cl Cherry Brandy
2 cl Lemonjuice
1/2 aufgefüllt mit Weißwein
1/2 aufgefüllt mit Bier

Italian Stalian

2 cl Grenadine
1 cl Wermut rot
aufgefüllt mit Bier

JULEP BEER

2 cl Limejuice
2 cl Orangensaft
2 cl Ananassaft
2 cl Creme de Menthe
1/2 aufgefüllt mit Ginger Ale
1/2 aufgefüllt mit Bier

JULES JULEP BIER

5 Minzeblätter (einritzen)
4 Eiswürfel
2 cl Cognac dazugießen und
gut umrühren
aufgefüllt mit Weißbier

KENTUCKY TODDY BIER

4 cl Bourbon
4 cl Calvados
1 Prise Zimt
1 Prise Muskat
aufgefüllt mit Bier

KONA NIGHTINGALE

6 cl Wodka
1 Limette (Saft)
1/2 Limette (Schale)
1 Trinkhalm
aufgefüllt mit Ingwerbier

KUTSCHERTRUNK

1 Dash Angostura
1 cl Wermut rosso
2 cl Campari
1/4 ltr Exportbier
1 Zitronenschalenspirale

LAGUNA BIER

4 cl Apfelsaft
4 cl Ananassaft
1/2 aufgefüllt mit Tonic Water
1/2 aufgefüllt mit Bier

LE KIR BIER

4 cl Creme de Cassis
1/2 aufgefüllt mit Weißwein
1/2 aufgefüllt mit Bier

LEMON GINGER BIER

2 cl Ingwersirup
2 cl Lemonjuice
aufgefüllt mit Bier

LIME COOLER BIER

6 cl Limejuice
2 cl Ahornsirup
(zusammen verrühren)
1/2 aufgefüllt mit Bitter Lemon
1/2 aufgefüllt mit Bier

LIMONE BIER

4 cl Rum, weiß
4 cl Limejuice
1/2 aufgefüllt mit Sekt
1/2 aufgefüllt mit Bier

Longdrinks

Löschversuch

10 cl Pale Ale (engl. Bier)
15 cl Sodawasser

Mississippi Bier

2 cl Rum
2 cl Bourbon Whiskey
2 cl Brandy
2 cl Grenadine
aufgefüllt mit dunklem Bier

Mai Moon Bier

4 cl Himbeergeist
4 cl Lemonjuice
1/2 aufgefüllt mit Apfelsaft
1/2 aufgefüllt mit Bier

Mojito Bier

5 cl Rum
4 cl Lemonjuice
2 cl Creme de Menthe
aufgefüllt mit Bier

Manhatten Cooler Bier

2 cl Lemonjuice
4 cl Rum
1/2 aufgefüllt mit Ginger Ale
1/2 aufgefüllt mit Bier

Monkey's Neck

1 Tl Zuckersirup
2 cl Sherry
8 cl Rotwein
10 cl Starkbier
Gurkenscheibe (Salatgurke)
als Garnitur

Mexican Hot Spot Bier

4 cl Tequila
4 cl Lemonjuice
3–5 Dash Chilisoße
aufgefüllt mit Bier

Monkey's Small Bier

4 cl Rum
4 cl Lemonjuice
1/2 aufgefüllt mit Grapefruitsaft
1/2 aufgefüllt mit Bier

Mint Ginger Bier

4 cl Creme de Menthe
1/2 aufgefüllt mit Ginger Ale
1/2 aufgefüllt mit Gingerbier

Moscow Mule 2

3 cl Wodka
3 cl Zitronensaft
aufgefüllt mit hellem Bier

Mr. Bone's Ginger Bier

2 cl Limejuice
2 cl Lemonjuice
2 cl Orangensaft
2 cl Ingwersirup
aufgefüllt mit Bier

Mulled Ale

2 cl Ingwersirup
1 Nelke
2 cl Eierlikör
aufgefüllt mit Ale

Ninotschka Bier

4 cl Wodka
1 cl Creme de Cacao
4 cl Lemonjuice
aufgefüllt mit Bier

Nuss-Cola-Bier

4 cl Amaretto
4 cl Limejuice
1/2 aufgefüllt mit Cola
1/2 aufgefüllt mit Bier

Old Fashioned Bier

4 cl Bourbon
2 cl Grenadine
1 Dash Angostura
1/2 aufgefüllt mit Soda
1/2 aufgefüllt mit Bier

Orange Bier

4 cl Wodka Orange
1/2 aufgefüllt mit Orangensaft
1/2 aufgefüllt mit Bier

Paradise Bier

4 cl Apricot Brandy
4 cl Gin
aufgefüllt mit Bier

Parfait d'Amour Bier

4 cl Parfait d'Amour
aufgefüllt mit Bier (Pils)

Passionate Ale

4 cl Haselnusslikör
aufgefüllt mit Ale

Pepper Pot Bier

4 cl Mescal
2 cl Amaretto
2 cl Lemonjuice
3–5 Dash Tabasco
2 Prisen frischen Pfeffer
aufgefüllt mit Bier

Longdrinks

Potsdamer Stange

1/2 Glas Pilsner Bier
1/2 Glas Limonade
2 El Zitronensaft

River Sparkler Bier

4 cl Creme de Cassis
4 cl Grapefruitsaft
4 cl Ananassaft
1/2 aufgefüllt mit Ginger Ale
1/2 aufgefüllt mit Bier

Presidente Bier

4 cl Rum
4 cl Wermut
2 cl Triple Sec
aufgefüllt mit Bier

Ruby Tuesday Bier

8 cl Persico
2 cl Creme de Menthe
4 cl Lemonjuice
aufgefüllt mit Bier

Puerto Rico Bier

4 cl Lemonjuice
1/2 aufgefüllt mit Soda
1/2 aufgefüllt mit Bier

Rum Rickey Bier

4 cl Rum
2 cl Lemonjuice
2 cl Limejuice
1/2 aufgefüllt mit Soda
1/2 aufgefüllt mit Bier

Raspberry Bier

2 cl Lemonjuice
2 cl Himbeerschnaps
2 cl Gin
aufgefüllt mit Bier

Russian Bier

4 cl Absolut Citron
aufgefüllt mit Bier

Red Fox Bier

4 cl Persico
4 cl roter Traubensaft
1/2 aufgefüllt mit Ginger Ale
1/2 aufgefüllt mit Bier

Salty Dog Bier

5 cl Wodka
1/2 aufgefüllt mit Grapefruitsaft
1/2 aufgefüllt mit Bier

SANDY GAFF BEER

1/2 Glas Ginger Ale
1/2 Glas Helles

SCHOKOLADE BIER

6 cl Schokolikör
aufgefüllt mit Bier

SLEEPING BULL BIER

4 cl Wodka
1/3 aufgefüllt mit Tomatensaft
1/3 Rinderbrühe
1/3 Bier
mit Tabasco und Worcestersoße abschmecken

SPICED ORANGE BIER

4 cl Captain Morgan Spiced Gold
1–2 cl Grenadine
1–2 cl Zitronensaft
1/2 aufgefüllt mit Bier
1/2 aufgefüllt mit Orangensaft

STINGER BIER

4 cl Brandy
2 cl Creme de Menthe
aufgefüllt mit Bier

STOP AND GO NAKED

1 cl Wodka
1 cl Gin
1 cl Rum weiß
1 cl Tequila
1 cl Lemonjuice
aufgefüllt mit Bier

SWEET SCHWABING

1/2 aufgefüllt mit dt. Schaumwein
1/2 aufgefüllt mit Malzbier
1 Dash Sahne

TEQUILA SUNRISE BIER

4 cl Tequila
2 cl Grenadine
1/2 aufgefüllt mit Orangensaft
1/2 aufgefüllt mit Bier

TOM BOY BEER

1/2 Glas Tomatensaft
1/2 Glas Helles

TULIP

4 cl Genever
aufgefüllt mit hellem Bier

Longdrinks

Türkenblut 2

20 cl Pils
10 cl Sekt rot

Vivaldi Frizzante

1 cl Campari
1 cl Grappa
1/2 Prosecco
1/2 Bier

Watermelon Bier

8 cl Wassermelonenlikör
(Marie Brizard)
1/2 aufgefüllt mit Ginger Ale
1/2 aufgefüllt mit Bier

Weather Bier

4 cl Maracujalikör
2 cl Limejuice
1/2 aufgefüllt mit Bitter Lemon
1/2 aufgefüllt mit Bier

Wisa Gloria

1 cl Grenadinesirup
0,5 ltr kühles, helles Bier
5 dünne Zitronenscheiben

Y-Rated Bier

4 cl Jägermeister
1/2 aufgefüllt mit Tomatensaft
1/2 aufgefüllt mit Bier

ZZ Diät Bier

4 cl Wodka
1/2 auffüllen mit Tomatensaft
1/2 auffüllen mit Diätbier

NOTIZEN FÜR EIGENE REZEPTE:

Pre-Dinner Cocktails

Meine Tipps und Tricks für Sie

- Alles, was vor dem Essen eingenommen wird, sollte magenöffnend sein, d.h. sehr Süßes eignet sich in diesem Fall nicht. Das bedeutet fürs Mixen mit Bier: Pils anstatt normales Bier nehmen, Pils ist herber.

- Beim Glas denke ich in erster Linie an ein Weinglas mit 0,3 Liter Inhalt. Oder an ein Pilsglas, es kann eine Tulpe sein, eine Stange, aber auch eine Kugelform oder gar ein einfaches Bierglas.

- Eis sollte hier nicht ins Glas, da das Bier mindestens 6° bis 7°C haben sollte und somit die anderen Zutaten mitkühlt. Sicher ist es von Vorteil, wenn das Glas als solches vorgekühlt wird. D.h. bevor die Ingredienzen eingeschenkt werden, einfach ein paar Eiswürfel ins Glas, um es zu kühlen. Natürlich muss man die Eiswürfel vor der Zubereitung wieder entfernen. Gutes Gelingen!

- Auch bei Pre-Dinner Cocktails kann man eine Scheibe einer Gärtnergurke als Garnitur verwenden. Sie nimmt etwas von der Süße und wirkt zudem sehr erfrischend.

- Denken Sie hier daran, dass bei Garnituren nur Zitronen, Limetten oder Blätter infrage kommen. Also keine süßen Früchte!

- Bei der Verwendung von frischen Pfefferminzblätter sollten nach dem Auspressen die ausgepressten Teile entfernt werden.

- Zusatzverkäufe erreichen Sie durch ein entsprechendes Briefing des Personals oder durch stille Verkäufer wie Tischaufsteller, Plakate usw.

- Denken Sie auch mal an ein komplettes Biermenü.

Pre-Dinner Cocktails

Akropolis Bier

4 cl Wodka
1 cl Ouzo
Glas auffüllen mit Pils

Bamboo

2 cl Sherry
4 cl Wermut weiß
1 Dash Orange-Bitter
auffüllen mit Pils

Amer Bier

2 cl Bier
1 TL Minzeblätter
10 cl Pils
2 cl Picon

Beach Boy Bier

2 cl Gin
2 cl Curacao blau
2 cl Limejuice
1/2 auffüllen mit Sekt
1/2 auffüllen mit Pils

Apple Jack Bier

4 cl Calvados
2 cl Cointreau
2 cl Lemonjuice
auffüllen mit Pils

Bier Bubbler

1/3 Rotwein
1/3 Ginger Ale
1/3 Pils

Atomic Bomb

8 cl Aquavit
aufgefüllt mit Pils

Bier Citron

4 cl Wodka Zitrone
1 cl Lemonjuice
Glas auffüllen mit Pils

Bacardi Cocktail Bier

4 cl Rum weiß
2 cl Lemonjuice
1 cl Grenadine
auffüllen mit Pils

Bier Mimosa

3 cl Sektglas
3 cl Sekt
3 cl Bier
Orangensaft

BIER ROYAL

20 cl Bier
4 cl Cassis

BIER SUNRISE

4 cl Tequila
auffüllen mit Pils
2 cl Grenadine toppen

BIERESEL

3 cl Gin
3 cl Lemonjuice
Glas auffüllen mit Pils

BIERPERNOD

2 cl Pernod
Glas auffüllen mit Pils

BIERPERNOD ROYAL

2 cl Pernod
1/2 auffüllen mit Sekt
1/2 auffüllen mit Pils

BISMARCK

1/2 l dunkles Export
1/2 l Sekt

BLUE FLEET BIER

4 cl Weinbrand
2 cl Curacao blau
2 cl Lemonjuice
auffüllen mit Bier

BLUE LADY BIER

4 cl Gin
2 cl Curacao blau
auffüllen mit Pils

BLUE LAGOON BIER

4 cl Wodka
2 cl Curacao blau
auffüllen mit Pils

BRETAGNE BIER

4 cl Calvados
1/2 auffüllen mit Sekt
1/2 auffüllen mit Pils

Pre-Dinner Cocktails

Bronx Bier

3 cl Gin
3 cl Wermut rot
3 cl Orangensaft
auffüllen mit Pils

Candy Cane Bier

4 cl Wodka
1 cl Creme de Menthe
Glas auffüllen mit Pils

C.S.B.

4 cl Scotch
2 cl Chartreuse grün
Glas auffüllen mit Pils

Carib Bier

2 cl Rum
2 cl Creme de Banana
Glas auffüllen mit Pils

Cacao-Banana-Bier

4 cl Wodka
1 cl Creme de Cacao
1 cl Creme de Banana
Glas auffüllen mit Pils

Chivas on the Bier

4 cl Chivas
aufgefüllt mit Pils

Campari Bier

5 cl Campari
Glas auffüllen mit Pils

Choc Bier

2 cl Wodka Kurant
1 cl Creme de Cacao weiß
Glas auffüllen mit Pils

Campari Royal Bier

4 cl Campari
1/2 auffüllen mit Sekt
1/2 auffüllen mit Pils

Churchill

1 cl Zitronensaft
2 cl Campari
20 cl Bier

Citrus Martini Bier

4 cl Wodka Zitrone
2 cl Cointreau
Glas auffüllen mit Pils

Code Red Bier

4 cl Wodka
1 cl Grand Marnier
1 Dash Cranberry Juice
Glas auffüllen mit Pils

Citrus Tini Bier

4 cl Wodka Zitrone
1 cl Grand Marnier
Glas auffüllen mit Pils

Coffee Martini Bier

4 cl Wodka
1 cl Amaretto
1 Dash dry Wermut
Glas auffüllen mit Pils

Classic Dry Bier

4 cl Gin
1 Dash Wermut, dry
Glas auffüllen mit Pils

Com Po Bier

4 cl Wodka Citron
1 cl Southern Comfort
Glas auffüllen mit Pils

Cloudy Skies Bier

4 cl Wodka
1 cl Sambuca
Glas auffüllen mit Pils

Contini Bier

4 cl Wodka
1 cl Cointreau
Glas auffüllen mit Pils

Club Bier

4 cl Gin
2 cl Sweet Wermut
1 cl Chartreuse
Glas auffüllen mit Pils

Copenhagen Martini Bier

4 cl Gin
4 cl Aquavit
1 cl Trockenen Wermut
Glas auffüllen mit Pils

Pre-Dinner Cocktails

Coral King Bier

4 cl Wodka Zitron
1 cl Trockenen Wermut
1/2 auffüllen mit Sekt
1/2 auffüllen mit Pils

Cucumber Bier

1 Scheibe Salatgurke im Glas zerdrücken
4 cl Wodka
Glas auffüllen mit Pils

Koriander Bier

frischer Koriander zerdrückt mit Pfeffer
4 cl Wodka
Glas auffüllen mit Pils

Daibieri

4 cl Rum
2 cl Lemonjuice
Glas auffüllen mit Pils

Cowboy Martini Bier

frische Pfefferminzblätter
5 cl Wodka
Glas auffüllen mit Pils

Dark Diamond

1/3 Pils
1/3 Sekt
1/3 Ale

Coyote Bier

1 Flasche Tequila mit 2-3 Chilies füllen, 48 Std. stehen lassen, dann 4 cl gut gekühlt einschenken
Glas auffüllen mit Pils

Diablo Martini Bier

4 cl weißer Portwein
3 cl Trockenen Wermut
Glas auffüllen mit Pils

Creole Martini Bier

4 cl Wodka
1 cl Trockenen Wermut
1 Jalapeño Schote
Glas auffüllen mit Pils

Dubonnet Bier

4 cl Dubonnet
4 cl Gin
Glas auffüllen mit Pils

Eden Martini Bier

4 cl Wodka
4 cl Cidre
Glas auffüllen mit Pils

El Presidente Martini Bier

4 cl Tequila
2 cl Trockenen Wermut
1 Dash Angostura
Glas auffüllen mit Pils

Flying Daibieri

4 cl Rum
2 cl Lemonjuice
1/2 auffüllen mit Sekt
1/2 auffüllen mit Pils

Framboise Bier

2 cl Himbeerlikör
1/2 auffüllen mit Sekt
1/2 auffüllen mit Pils

G.C.B.

4 cl Gin
1/2 auffüllen mit Cola
1/2 auffüllen mit Pils

Gary Grant Bier

4 cl Wodka
1 cl Sherry trocken
1 cl Wermut
1 cl Limejuice
Glas auffüllen mit Pils

Gibson Bier

5 cl Gin
1 cl Wermut weiß
auffüllen mit Pils
1 Silberzwiebel als Garnitur

I.B.V. Bier

1 cl Weinbrand
1 cl Aprikot Brandy
1 cl Orangensaft
1/2 auffüllen mit Sekt
1/2 auffüllen mit Pils

Illusion-Martini-Bier

1 cl Cointreau
1 cl Campari
4 cl Gin
Glas auffüllen mit Pils

Irish Rose Bier

4 cl Irish Whisky
2 cl Lemonjuice
1 cl Grenadine
auffüllen mit Pils

Pre-Dinner Cocktails

Italian Red Bier

1 cl Campari
1 cl Lemonjuice
Glas auffüllen mit Pils

Kirbier

0,1 ltr Weißwein
4 cl Creme de Cassis
0,1 ltr Pils

Jack Rose Bier

4 cl Calvados
Glas auffüllen mit Pils

Matador Bier

4 cl Gin
1 cl Sherry trocken
1 cl Campari
Glas auffüllen mit Pils

Jacky Bier

4 cl Jack Daniels
1 cl Lemonjuice
Glas auffüllen mit Pils

Midnight Bier

4 cl Portwein trocken
1/2 aufgefüllt mit Champagner
1/2 aufgefüllt mit Pils

Kamikaze Bier

4 cl Wodka
2 cl Curacao, weiß
1 cl Limejuice
Glas auffüllen mit Pils

Negroni Bier

2 cl Campari
2 cl Wermut rot
2 cl Gin
Glas auffüllen mit Pils

King's Bier

4 cl Gin
5 cl Portwein
Glas auffüllen mit Pils

New Yorker Bier

4 cl Bourbon
2 cl Lemonjuice
1 cl Grenadine
Glas auffüllen mit Pils

Old Pale Bier

4 cl Bourbon
1 cl Wermut dry
1 cl Campari
Glas auffüllen mit Pils

Potsdamer

1/2 Glas Pilsner Bier
1/2 Glas Ginger Ale

Paradise Bier

3 cl Gin
3 cl Apricot Brandy
3 cl Orangensaft
Glas auffüllen mit Pils

Presidente's Bier

4 cl Rum weiß
2 cl Wermut dry
Glas auffüllen mit Pils

Pernod Bier

1 cl Pernod
4 cl Gin
Glas auffüllen mit Pils

Promi-Schluck

0,3 ltr Pils
1 Dash Guinness

Pimm's Pils

4 cl Pimm's No.1
Glas auffüllen mit Pils

Proseccobier

1/2 Glas Prosecco
1/2 Glas Bier

Pink Gin Pils

6 cl Gin
1 Dash Angostura
Glas auffüllen mit Pils

Pussy Bier

4 cl Sherry
1/2 auffüllen mit Sekt
1/2 auffüllen mit Pils

Pre-Dinner Cocktails

Ralph's Bier

4 cl Rum
1 cl Creme de Menthe
Glas auffüllen mit Pils

Rose of Pesta Bier

4 cl Gin
2 cl Erdbeerwein
2 cl Orangensaft
1 cl Zitronensaft
auffüllen mit Bier

Ritz Bier

2 cl Weinbrand
2 cl Cointreau
2 cl Orangensaft
1/2 auffüllen mit Sekt
1/2 auffüllen mit Bier

Royal Papaya

4 cl Papayasaft
4 cl Wodka
auffüllen mit Pils

Rob Roy Bier

4 cl Scotch
2 cl Wertmut rot
auffüllen mit Pils

Royal Port Bier

4 cl Port
1/2 auffüllen mit Sekt
1/2 auffüllen mit Pils

Robinson Bier

4 cl Rum weiß
8 cl Ananassaft
auffüllen mit Pils

Spiced Green Bier

4 cl Captain Morgan Spiced Gold
2 cl Blue Curacao
aufgefüllt mit Bier

Rock Bier

2 cl Wodka
2 cl Sherry
2 cl Lemonjuice
auffüllen mit Pils

Spring Flower Bier

4 cl Grapefruitsaft
1/2 auffüllen mit Sekt
1/2 auffüllen mit Pils

Take Two Bier

3 cl Gin
2 cl Curacao weiß
1 cl Campari
Glas auffüllen mit Pils

Tangerino Bier

2 cl Wodka
2 cl Mandarinenlikör
2 cl Orangensaft
1/2 auffüllen mit Sekt
1/2 auffüllen mit Pils

Tequini Bier

4 cl Tequila
2 cl Wermut,dry
Glas auffüllen mit Pils

Vulcano Bier

2 cl Tequila
2 cl Gin
2 cl Curacao weiß
2 cl Lemonjuice
auffüllen mit Pils

White Lady Bier

4 cl Gin
2 cl Cointreau
Glas auffüllen mit Pils

X-Bier

2 cl Curacao blau
1/2 auffüllen mit Sekt
1/2 auffüllen mit Pils

XYZ-Bier

4 cl Rum
2 cl Cointreau
Glas auffüllen mit Pils

Shooters (Slammers)

Für den Fall, dass Sie sich nicht sicher sind, was „Shooters" eigentlich sind: Es sind Cocktails in Klein, die auf einmal getrunken werden sollen (shooter = Geschoss).

Glas: Man kann Shooters entweder in Whiskey Tumbler/Shot-Gläsern zubereiten oder auch in Cocktailschwenkern. Je nach Anlass. Sie sollten gekühlt sein: „Always chill before fill!"

Eis: Da die Menge sehr gering ist, sollte man kein Eis ins Glas legen.

Zutaten: Trübe Zutaten müssen geshaked werden. Klare Zutaten müssen gerührt werden. Das alles bevor das Bier eingefüllt wird!

Bier: Im Sommer empfielt es sich, Weißbier zu nehmen anstatt Hellem. Sonst gilt die Regel, dass sich die Farbe des Bieres den Spirituosen anpasst. Vorsicht bei Starkbier, das bringt erstens mehr Alkoholgehalt und zweitens verändert es immer den Geschmack des Shooters.

Menge: Die hier angegebene Menge entspricht einem normalen Shot-Glas (Poppers) mit mindestens 7–8 cl. Man kann auch mit der Menge des Bieres variieren.

Meine Tipps und Tricks für Sie

- Versuchen Sie die Shooters auch mal als Slammers. D.h. nehmen Sie sehr kohlensäurehaltiges Bier! (sämtliche Weißbiere, Pils usw.)
- Bedecken Sie die Gläser mit einem Bierdeckel oder Ähnlichem, halten Sie den Deckel mit dem Zeigefinger fest, nehmen Sie das Glas zwischen Mittelfinger und Daumen – dann schlagen Sie es kräftig auf und trinken es in einem Zug aus.
- Vorsicht, nicht auf Glas oder anderen zerbrechlichen Unterlagen aufschlagen!
- Als Gläser empfehle ich Schnapsgläser mit 4 cl Inhalt oder Schnapsgläser mit Stiel.

Shooters (Slammers)

After Burner

2 cl Tia Maria
2 cl Peppermint
2 cl dunkles Bier

Agent Orange

2 cl Grand Marnier
2 cl Rum dunkel
2 cl dunkles Bier

Alabama Slammer

2 cl Whiskey
2 cl Weißbier, dunkel

Alaskan Oil Spill

2 cl Peppermint
2 cl Jägermeister
2 cl dunkles Bier

Alice in Wonderland

2 cl Tequila
1 cl Tia Maria
1 cl Grand Marnier
2 cl dunkles Bier

All Fall Down Shooter

2 cl Tequila
2 cl Rum dunkel
1 cl Tia Maria
1 cl dunkles Bier

Almond Smash

2 cl Amaretto
2 cl Mandelsirup
2 cl Bier

Amberjack

2 cl Amaretto
2 cl Jack Daniels
2 cl dunkles Bier

American Dream

2 cl Bourbon
2 cl Southern Comfort
2 cl Bier

Amigo Shooter

2 cl Tequila
2 cl Kahlua
2 cl Bier

Shooters (Slammers)

Apple Pie

2 cl Apfelschnaps
2 cl Zimtlikör
2 cl Bier

Baby Peanut

2 cl Frangelico
2 cl Wodka
2 cl Bier
Erdnüsse dazu servieren

Arizona Rattle

2 cl Southern Comfort
2 cl Cherry Brandy
2 cl Bier

Back in Black

2 cl Tia Maria
2 cl Chambord
2 cl Bier

Atomic Bomb Shooter

2 cl Bourbon
2 cl Tequila
2 cl Bier

Ball Game

2 cl Cherry Brandy
2 cl Sekt
2 cl Bier

Attitude Adjustment

2 cl Ouzo
2 cl Peppermint
2 cl Bier

Banana Buca

2 cl Sambuca
2 cl Creme de Banana
2 cl Bier

Australian Shooter

2 cl Jack Daniels
2 cl Cola
2 cl dunkles Bier

Banana Game

2 cl Creme de Banana
2 cl Cognac
2 cl Bier

Shooters (Slammers)

Banana Surfer

2 cl Malibu
2 cl Creme de Banana
2 cl Bier

Bananarama

1 cl Kahlua
1 cl Amaretto
1 cl Creme de Banana
2 cl Bier

Beach Kiss

2 cl Malibu
2 cl Kahlua
2 cl dunkles Bier

Beach Shooter

2 cl Malibu
2 cl Peach
2 cl Bier

Bean Bier

2 cl Ouzo
2 cl Kahlua
2 cl Bier

Berry Bier

2 cl Cherry Brandy
2 cl Chambord
2 cl Bier

Berry Goldwater

2 cl Lachs Goldwasser
2 cl Echte Kroatzbeere
2 cl Bier

Bier Apfelschnaps

2 cl Apfelschnaps
4 cl Bier

Blonde

2 cl Rum weiß
2 cl Cointreau
2 cl Bier

Blood Heart

3 cl Rum weiß
1 cl Grenadine
2 cl helles Bier

Shooters (Slammers)

Bloody Russian

2 cl Wodka
2 cl Tomatensaft
2 cl Bier
1 Dash Tabasco

Blue Popper

2 cl Tequila
2 cl Blue Curacao
2 cl Bier

Blue Angel

2 cl Blue Curacao
2 cl Orangensaft
2 cl Bier

Blue Russian

2 cl Wodka
2 cl Blue Curacao
2 cl Bier

Blue Blue

2 cl Blue Curacao
2 cl Blaubeerschnaps
2 cl Bier

Bob Marley

2 cl Creme de Menthe
2 cl Rum dunkel
2 cl dunkles Bier

Blue Carnation

2 cl Creme de Menthe weiß
2 cl Blue Curacao
2 cl helles Bier

Brown Cow

2 cl Creme de Cacao braun
2 cl Grand Marnier
2 cl dunkles Bier

Blue Fox

2 cl Blue Curacao
2 cl Southern Comfort
2 cl Bier

Cama Bier

1 cl Kahlua
1 cl Creme de Banana
1 cl Ouzo
2 cl Bier

Shooters (Slammers)

Canadian Flag

2 cl Canadian Whiskey
2 cl Yukon Jack
2 cl Bier

Choo-Choo

2 cl Southern Comfort
2 cl Grand Marnier
2 cl Bier

Chadallac

1 cl Jägermeister
1 cl Amaretto
1 cl Malibu
2 cl Bier

Cloud Bier

2 cl Ouzo
2 cl Blue Curacao
2 cl Bier

Cheerleader

2 cl Amaretto
2 cl Cranberryjuice
2 cl Bier

Cold Gold

3 cl Danziger Goldwasser
2 cl Pils

Cherry Bomb

2 cl Cherry Brandy
2 cl Rum dunkel, 73 %
2 cl dunkles Bier

Cosmos Bier

2 cl Wodka
2 cl Limejuice
2 cl Bier

Chiclet Bier

2 cl Tequila
1 cl Triple Sec
1 cl Limejuice
2 cl Bier

Cream Peaches

2 cl Kahlua
2 cl Peachlikör
2 cl dunkles Bier

Cream Soda Bier

2 cl Rum spiced
2 cl Ginger Ale
2 cl Bier

Creole Shot

2 cl Tequila
2 Dash Tabasco
2 cl Bier

Dark Lagoon

2 cl Jägermeister
2 cl Sambuca
2 cl dunkles Bier

Double Jack

2 cl Yukon Jack
2 cl Jack Daniels
2 cl Bier

Electric Banana

2 cl Tequila
2 cl Creme de Banana
2 cl Bier

Electric Sambuca

2 cl Sambuca
2 cl Blue Curacao
2 cl Bier

F. 16

2 cl Kahlua
2 cl Brandy
2 cl dunkles Bier

Fender Bender

2 cl Peach
2 cl Green Chartreuse
2 cl Bier

Flame Thrower

1 cl Creme de Cacao weiß
1 cl Benedictine
1 cl Weinbrand
2 cl Bier

Foghorn

2 cl Gin
1 cl Ginger Ale
1 cl Limejuice
2 cl Bier

Shooters (Slammers)

French Connection

2 cl Courvoisier
2 cl Grand Marnier
2 cl Bier

Gorilla

2 cl Captain Morgan 73 %
2 cl Bourbon
2 cl Bockbier

Full Moon

2 cl Grand Marnier
2 cl Amaretto
2 cl Bier

Grasshopper Bier

1 cl Creme de Menthe grün
1 cl Creme de Cacao weiß
2 cl Bier
2 cl Wodka

G & G

2 cl Galliano
2 cl Grappa
2 cl Bier

Greek Fire

2 cl Weinbrand
2 cl Ouzo
2 cl Bier

Gangrene

2 cl Jägermeister
2 cl Melonenlikör
2 cl Bier

Green Spider

2 cl Creme de Cacao weiß
2 cl Creme de Menthe grün
2 cl Bier

German Slammer

2 cl Korn
2 cl Weißbier, klar

High Jamaican Wind

2 cl Captain Morgan, 73 %
2 cl Kahlua
2 cl dunkles Bockbier

Shooters (Slammers)

Italian Flame

2 cl Rum weiß
2 cl Galliano
2 cl Bier

Jamaika Dreck

2 cl Captain Morgan, 73 %
1 cl Malibu
1 cl Tia Maria
2 cl dunkles Bockbier

Italian Russian

2 cl Sambuca
2 cl Wodka
2 cl Bier

Je Taime

2 cl B & B
2 cl Wodka
2 cl Bier

Jack Frost

2 cl Jack Daniels
2 cl Creme de Menthe
2 cl Bier

Killer Biene

2 cl Jägermeister
2 cl Apfelschnaps
2 cl Bockbier

Jäger Urlaub

2 cl Jägermeister
2 cl Captain Morgan, 73 %
2 cl dunkles Bockbier

Landluft

2 cl Creme de Banana
2 cl Amaretto
2 cl Bier

Jägerschnaps

2 cl Jägermeister
2 cl Cola
aufgefüllt mit dunklem Bier

Loco Lobo

2 cl Galliano
2 cl Tequila
2 cl Bier

Shooters (Slammers)

Lollipop

2 cl Creme de Banana
2 cl Captain Morgan, 73 %
2 cl Bier

Lynchburg Lemonade

2 cl Jack Daniels
1 cl Triple Sec
1 cl Cola
2 cl dunkles Bier

M.D. Pepper

2 cl Amaretto
2 cl Captain Morgan, 73 %
2 cl dunkles Bier

Magenschnaps

2 cl Jägermeister
2 cl Lemonjuice
aufgefüllt mit Bier

Matador

2 cl Likör 43
2 cl Jägermeister
2 cl dunkles Bier

Mexican Bronco

2 cl Southern Comfort
2 cl Tequila
2 cl dunkles Bier

Mexican Devil

2 cl Tequila
2 cl Tomatensaft
2 cl Bier
2 Dash Tabasco

Mexican Eagle

2 cl Tequila
2 cl Peppermint
2 cl Bier

Mexican Fruit

2 cl Tequila
2 cl Melonenlikör
2 cl Bier

Mexican Heart

2 cl Tequila
2 cl Limejuice
2 cl Bier

Shooters (Slammers)

Mexican Popper

2 cl Tequila
2 cl Sekt
2 cl Bier

Red Russian

2 cl Wodka
2 cl Cranberryjuice
2 cl Bier

Mint Julep

2 cl Bourbon
2 cl Creme de Menthe grün
2 cl Bier

Russian Rush

2 cl Wodka
2 cl Cherry Brandy
2 cl Bier

Ninja

2 cl Kahlua
1 cl Melonenlikör
1 cl Frangelico
2 cl dunkles Bier

Schnapsbier

2 cl Bierschnaps
2 cl Pils

Oil Slick

2 cl Goldwasser
2 cl Sambuca
2 cl Bier

Pigeon Bier

2 cl Wodka
2 cl Cidre
2 cl Bier

Scud Patriot

Scud:
- 2 cl Jack Daniels
- 2 cl Peach
- 2 cl Weißbier
- im Rockglas

Patriot:
- 2 cl Jack Daniels
- 2 cl 7-Up
- 2 cl Weißbier

Trinkweise:
Zuerst Scud slammen (auf den Tisch schlagen) und austrinken, dann Patriot slammen und austrinken!

Shooters (Slammers)

Sex Shooter

2 cl Absolut Kurant
2 cl Melonenlikör
2 cl Bier

Simpson Pie

1 cl Malibu
1 cl Melonenlikör
1 cl Wodka
2 cl Bier

Spanisch Milk

2 cl Likör 43
2 cl Kahlua
2 cl dunkles Bier

T-Bird with Texas Platos

2 cl Rum braun
1 cl Sloe Gin (Persico)
1 cl Grand Marnier
2 cl Bier

Tequila Bier Popper

2 cl Tequila
2 cl Ginger Ale
2 cl Bier

Tequila Slammer

2 cl Tequila
2 cl Weißbier

Urban Cowboy

2 cl Bourbon
2 cl Southern Comfort
2 cl Bier

US Slammer

2 cl Southern Comfort
2 cl Cola
2 cl Bier

US Snake Bite

2 cl Bourbon
2 cl Cidre
2 cl Bier

Notizen für eigene Rezepte:

Snake Bites

Meine Tipps und Tricks für Sie

- Snakebites sind Hits vor allem in den britischen Pubs. Übersetzt heisst der Begriff Schlangenbiss. Also Vorsicht, diese Drinks haben es wirklich in sich. Und was passiert: Man sieht es nicht an den Ingredienzen, es kommt wie ein Schlangenbiss ... urplötzlich!

- Die hier verwendeten Gläser sollten 0,5 Liter fassen, am besten normale Pint Gläser oder Halbegläser nehmen.

- Die besten Variationen sind natürlich die mit englischem Bier und englischem Cidre, den es in England auch in der kleinen 0,3 Longneck-Flasche gibt.

- Man kann sie auch warm servieren, als Arznei gegen Fieber.

- Das Bier schenkt man immer zum Schluss ein.

Snake Bites

Englisch SB

4 cl Drambuie
1/2 aufgefüllt mit Cidre
1/2 aufgefüllt mit Ale
oder Dunkelbier

Schottisch SB

4 cl Scotch
1/2 aufgefüllt mit Cidre
1/2 aufgefüllt mit Ale
oder Dunkelbier

Irish SB

4 cl Irish Whiskey
1/2 aufgefüllt mit Cidre
1/2 aufgefüllt mit Ale
oder Dunkelbier

Snake Bite

1/4 ltr helles Lagerbier
1/4 ltr Cidre
in ein Pint-Glas zuerst Cidre,
dann Bier einschenken

Red Velvet

0,3 ltr Stout
0,1 ltr Cidre
0,1 ltr schwarzer Johannisbeersaft
in ein Pint-Glas zuerst
Johannisbeersaft , dann Cidre und
zum Schluss das Stout eingießen

Red Witch

0,3 ltr Stout
2 cl Pernod
0,1 ltr Cidre
0,1 ltr schwarzer Johannisbeersaft
in ein Pint-Glas zuerst Pernod,
Johannisbeersaft,dann den Cidre
und zum Schluss das Stout
eingießen

NOTIZEN FÜR EIGENE REZEPTE:

Diät Cocktails

für Diabetiker

Diabetiker kommen immer ein wenig zu kurz. Gerade auch am Tresen. Zumindest an dieser Stelle sollen sie mal bedacht werden, es ist nämlich gar nicht so schwer, auch dieses Klientel happy zu machen.

Meine Tipps und Tricks für Sie

- Sie können viele Cocktails für Diabetiker von den „normalen" einfach ableiten. Nehmen Sie in diesem Fall statt Bier ein Diätpils, statt Wein einen Diabetikerwein, statt Sekt einen Diabetikersekt. Fast jede Brauerei bietet heutzutage ein Bier für Diabetiker an.

- Optimal dazu: Es gibt mittlerweile sehr viele Fruchtsäfte, die für Diabetiker geeignet sind.

- Die ideale Basisspirituose ist Wodka!

- Als Gläser eignen sich 0,4 Liter Tumbler oder Longdrinkgläser.

Nachfolgend nun also ein paar Beispiele aus meinem Rezeptbuch:

Diät Cocktails

für Diabetiker

Diät Dog

4 cl Wodka
1/2 auffüllen mit Grapefruit
1/2 auffüllen mit Diätpils

Diät Mary

1/2 Tomatensaft für Diabetiker
1/2 Diätpils

Diät Herrengedeck

1/2 Diätpils
1/2 Diabetikersekt

Diät Vitamine

1/2 Multi Vitaminsaft
für Diabetiker
1/2 Diätpils

Diät Radler

1/2 Diätpils
1/2 Diätlimo
(für Diabetiker geeignet)

Liebesdiät

1/2 Cola für Diabetiker
1/2 Limo für Diabetiker

Schlanker Neger

1/2 Diätcola
1/2 Diätbier

Diätorangenbier

1/2 Orangensaft für Diabetiker
1/2 Diätpils

Diät Kirbier

4 cl Johannisbeersaft
für Diabetiker
1/2 auffüllen mit Wein
für Diabetiker geeignet
1/2 Diätpils

Exotische Diät

1/2 Vitamini
für Diabetiker (Aprikosen,
Orangen und Passionsfrüchte)
1/2 Diätpils

Weitere Bücher aus dem Knürr Verlag München

Der Biergartenführer

Echte Biergärten in München und Umgebung.
Wichtige Hinweise und Tipps für den liebsten „Freizeitsport" der Münchner.

192 Seiten, 10,5 x 20 cm
ISBN 3-928432-33-8
€ 4,90

Mythos Weißwurst

von Peter M. Lill und Ludwig Margraf
Geschichten, Anekdoten und Wissenswertes über die Primadonna der Würste.
Köstliche Zeichnungen und historische Fotos

160 Seiten, 14 x 21 cm, gebunden
ISBN 3-928432-23-0
€ 9,90

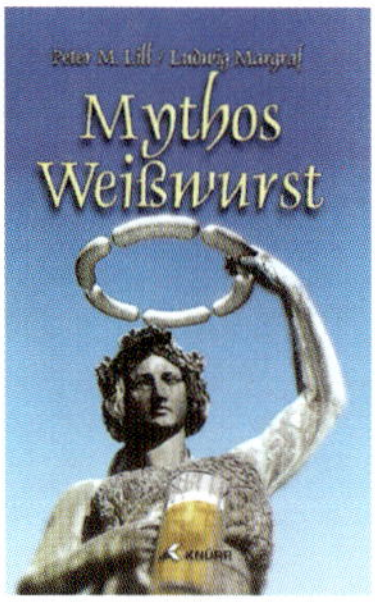

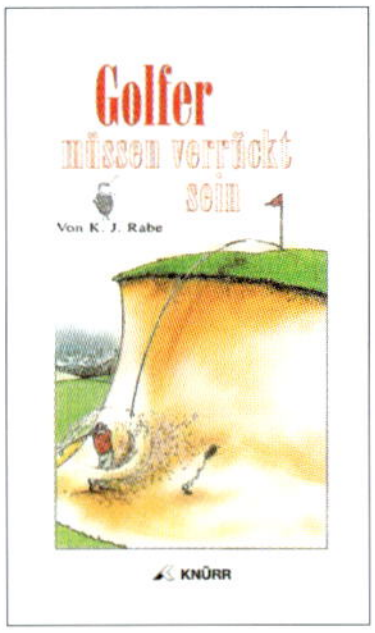

Golfer müssen verrückt sein

von K. J. Rabe
Ein heiter, satirisches Buch über den dauernden Kampf ums Handicap.
Das absolute Lesevergnügen für Golfer und die es werden wollen.

160 Seiten
14 x 21 cm, gebunden
ISBN 3-928432-22-2
€ 9,90

Boarisch g'lacht

von Claus M. Baumann
Witze und Anekdoten aus Bayern
Lustige Witze über das Leben der Bayern und dem „liebenswerten" Umgang mit den Preussen.
Mit 30 Zeichnungen von Andrea Mangold

160 Seiten
14 x 21 cm, gebunden
ISBN 3-928432-18-4
€ 9,90

Der Englische Garten in München

Umfassendstes Werk über den größten Stadtpark der Welt.

30 Fachautoren beleuchten die beliebte Münchner Freizeitoase.
Gartenkunstdenkmal – Naturschönheit – Paradies der Münchner, zusammengestellt von Pankraz Frhr. v. Freyberg.
Format: 19 x 23 cm, gebunden,
304 Seiten, reich bebildert.

ISBN 3-928432-29-X **€** 12,40

Lago di Garda – Amore mio

von Komponist und Sänger Robert Jung mit CD seiner erfolgreichsten Lieder.

Ein herrlicher Bildband mit vielen Tipps für gut Essen, Trinken, Golfen, Surfen, Segeln und Wandern.
Wertvolles Insiderwissen vieler Promis.

240 Seiten, 25 x 27 cm, gebunden

ISBN 3-928432-32-X **€** 34,90

ALOIS KNÜRR VERLAGS-GMBH

Sperberstraße 23 · D-81827 München · Tel. 0 89/43 76 61 00 · Fax 0 89/4 39 29 86
knuerr-verlag@t-online.de · www.knuerr-verlag.de